男孩心理成长枕边书

桂宾/编著

中国纺织出版社

内 容 提 要

青少年时期是人生成长关键的时期，在这个阶段每个男孩都富有理想，渴望成才，所以把控好时机对于男孩各方面素质的养成尤为重要。

本书立足于男孩发展的实际情况，从男孩的成长、梦想、责任、胸怀、抗挫、交往等多个方面，讲述了男孩成长过程中遇到的各种困惑，对于解决男孩心理健康、情感困惑等方面的问题有着不可小觑的作用。本书涉及面广，实用性强，相信一定会帮助男孩更为独立自主、健康快乐地成长。

图书在版编目（CIP）数据

男孩心理成长枕边书 / 桂宾编著. --北京：中国纺织出版社，2016.8（2024.1重印）

ISBN 978-7-5180-2658-6

Ⅰ.①男… Ⅱ.①桂… Ⅲ.①男性—青春期—心理健康—健康教育 Ⅳ.①G479

中国版本图书馆CIP数据核字（2016）第114927号

责任编辑：闫　星　　　　责任印制：储志伟

中国纺织出版社出版发行

地址：北京市朝阳区百子湾东里A407号楼　邮政编码：100124

销售电话：010—67004422　传真：010—87155801

http：//www.c-textilep.com

E-mail：faxing@c-textilep.com

中国纺织出版社天猫旗舰店

官方微博http://weibo.com/2119887771

永清县晔盛亚胶印有限公司印刷　各地新华书店经销

2016年8月第1版　2024年1月第14次印刷

开本：710×1000　1/16　印张：15

字数：197千字　定价：45.00元

什么是长大？是你的身高越来越高，还是你的年龄在不断地增长？这些都不是，因为它们都不能代表一个人心智的成熟。男孩们，一个真正的男子汉并不单单是指外在的变化，更重要的是指一个人的心理是否成熟，这主要涉及一个男孩的修养、品行、谈吐、处事能力、心理状态等各个方面。或许现在的你还与同伴沉浸在游戏的欢乐里无法自拔，或许你还在动漫的世界里享受儿童的乐趣，但是你知道吗？在你仍然酣睡的时候，许许多多跟你同龄的男孩子已经醒来了，他们渐渐变得卓尔不群、与众不同！男孩们，想要成为一个有出息的人，可是你准备好了吗？

青春是一段很奇妙的岁月，它改变着你的外表，加速着你的成长，也许你已经注意到你的外貌、体型、声音等都在悄悄地发生着变化……其实你的心理也在不断成长，你渴望长大，渴望独立，渴望展现出自己更为帅气的一面。这就是青春，不仅给你带来生理上的变化，还会给你带来心理上的成长。在这个阶段，男孩一定要懂得利用各方面的条件来增强自身的能力，提高心理素质，为以后的人生打下坚实的基础。

相信每一个男孩都是个个不甘于平凡的人，个个有着远大理想的人。你意气风发、斗志昂扬，对未来充满了幻想，以为只要长大，一切便都可以唾手可得。可是，现实生活并非象牙塔，理想并不是随随便便就能实现的，一切都需要你脚踏实地地去努力和付出。如果你想做一个有出息的男孩，想要与众不同，想要拼出自己的一片蓝天，那就必须让自己成为一棵伟岸的树，傲立于大地，问鼎苍天！因为，一棵小草的命运，只能是淹没于荒原之中，无人赏识，无人问津。

青少年时期是人生成长最关键的时期，这个阶段对于男孩各项素质的养成尤为重要。可是此时的男孩无论是心理还是生理都不够成熟，面临的问题也是非常多。你们如此渴望着长大，却又如此害怕长大，因为你们知道自己羽翼未丰，害怕无法迎接未来的种种挑战。男孩们就这样在迷茫中成长着，同时，你们也在探索着、寻求着。男孩在前进的路上需要一位引路人为他们指引前进的方向，点破生活的疑惑，将你们带上正确的征程。其实这本书就是男孩前进路上的指航灯。

男孩们，假如我们无法改变外界，我们可以试着去改变自己；假如我们无法改变事实，我们可以试着去改变对待事情的态度。如果一个男孩拥有勇气、自信、坚强、快乐、豁达、宽容，那些对于别人来说的难题，就会变得简单并且容易克服。所以，当我们没有他人出色时，我们不会去记恨他人，我们会用自己的努力去证明自己；与人相处，不会待人狭隘，锱铢必较，我们更多的是懂得宽容与谦让；自己吃了亏，不后悔，更不抱怨，不断总结经验，争取下次遇到类似情况时，取得新的突破……这些优秀的品质对于男孩来说是一笔财富，这也是本书带给男孩的一份礼物。

男孩们，或许你还对前方充满着疑惑，或许你还觉得年纪尚小，但是你应该明白，你要做的是一个有出息的男孩，一个顶天立地的男子汉！当你迷惘之时，当你闲暇之时，当你懈怠之时，当你沉迷于娱乐之时，请翻开这本书，从中寻求最真诚的答案。男孩们，也许你还在徘徊着，或者观望着，或者想着自己的理想，蠢蠢欲动。哪个男儿不立志，哪个男儿不英勇？男孩们，放下心中的疑惑，放下你的懒惰，出发吧！从此刻开始，开始你的寻梦之旅，开始你充满无限可能的人生吧！拥抱梦想，实践着每一个好的品行，给自己一个坚定的信念，相信未来，有一个更好的自己在等待。相信，终有一日，你会褪去稚嫩，步履沉稳，成为一个能够独当一面的堂堂男子汉。

希望本书带给读者不一样的惊喜，成为男孩成长道路上的良师益友。希望在此熏陶下，男孩的心智更为成熟，品格更加优秀。希望男孩在面对困难时泰然自若，面对毁誉时不卑不亢，面对生活时积极进取，面对自己时坦然快乐，成为一个性格坚强、勇敢果断、自信顽强、不怕困难、宽容大度的男子汉。

编著者

2015年11月

上篇 成长准备

下篇　成长历练

上篇｜成长准备

第 01 章　成长烦恼
——是时候该准备走上人生的征程了

长大是一个必须要面对的人生问题，这或许对于一直做着“皇帝”梦的小男孩来说有点困难。但是男孩们应该听过一句话：“少壮不努力，老大徒伤悲”，如果不能从小立志努力，长大后就会很平庸。父母只是我们一时的避风港，而不是撑起一生的保护伞，他们已经为我们付出了全部，我们是时候摆脱对他们的依赖走上人生的旅程了。

不做“小皇帝”，男孩要独立

有这样一个故事，值得现在的部分父母和孩子反思：

有一个狐狸妈妈，生了一窝小狐狸，这群小狐狸非常可爱，慢慢的它们到了需要自己捕食的年龄，这时候狐狸妈妈为了锻炼它们的独立生存能力，只能狠下心把它们全部赶出家门。可是小狐狸们舍不得妈妈，不想离开，狐狸妈妈又咬又追，毫不留情。小狐狸中有一只是瞎眼的，但是狐狸妈妈并没有给它特殊的照顾，照样把它赶得远远的。因为狐狸妈妈知道，没有谁能养孩子一辈子，小狐狸们从这一天起便长大了，那只瞎眼的小狐狸也终于学会了靠嗅觉来觅食。

过分依赖，过度溺爱，这是一种很普遍的现象，尤其是今天，很多孩子都是家里的独生子女，个个被宠成了“小皇帝”“小公主”，过着“衣来伸手”“饭来张口”的生活。男孩们，你们都应该听过这样一句古语：“自古雄才多磨难，从来纨绔少伟男”。如果你从小娇生惯养、吃不了苦，长大后你会失去生活自理能力，变得娇气懒惰、霸道任性。男孩们，想一下，你难道希望长大之后还

腻在父母身边？父母能陪你、照顾你一辈子吗？赶快从小皇帝的梦中醒来吧！

生活中这样的案例又有多少呢？

洋洋是一个从小备受娇惯的孩子。已经上四年级了，什么都不会做，一直以来都是妈妈包办。比如说早晚洗漱，都需要妈妈给他做好各项准备工作，帮他接水、挤牙膏，早上起床还要给他整理床铺，上学需要带哪些东西等更不用说，一切都是妈妈的事情，都需要妈妈替他安排好，因此洋洋的生活自理能力非常差。

周一开学，妈妈送洋洋去上学，当时走得比较仓促，妈妈忘记了告诉洋洋中午在学校吃什么，没想到的是妈妈下午去接洋洋放学的时候，看到洋洋走路一点力气都没有，妈妈赶快迎上去问他怎么回事。洋洋声音很低地责怪妈妈说："你送我上学时没告诉我中午应该吃什么，我就没吃午餐，现在饿得四肢无力。"洋洋的妈妈听完儿子的话，既心疼又难受，同时又恨自己。妈妈非常的悔恨，没想到自己的宠爱竟然害了洋洋，离开了自己的嘱托，孩子连一顿饭都无法自己解决。

其实，男孩应该明白，在小的时候，妈妈可以陪伴在身边，有什么事情妈妈可以替男孩解决。但男孩的一生还有很长的路要走，妈妈不可能一直陪着走下去。

如果男孩从小各方面的能力没有得到很好的锻炼，依赖妈妈的行为已经成为习惯，妈妈一旦离开，男孩生活的各方面就会陷入瘫痪。

男孩，你要记住，你不可能一辈子依赖父母，如果你不主动的去把控自己人生的主动权，一味地去依靠父母，指望他人，那么就算是你再富有，也会有坐吃山空的那一天。同样，如果你在学习上放弃了主动权，不自强，不进取，一味地依赖他人，那么即使一时得到了他人的帮助，将来遇到事情又该怎么办？

约翰从小就有着很好的独立意识，他很早就脱离了父母的怀抱，敢于自己一个人去做一些同龄的小朋友不敢做的事情。因为他对欧洲的文化有着极大的乐趣，所以他选择了一个人去旅行，感受不同地方的风土人情和地方特色。刚刚 11 岁时，他就开始着手准备制定自己的旅行路线，并精心的安排好日程计划。他阅读了大量的书籍，并设计好了旅行计划。他每个周末都去餐馆帮忙或者到超市里发广告单；假期时，他还会到别人家里陪小孩玩。当他 14 岁的时候，已经去过法国、瑞士、奥地利等国，还去过意大利的一些地方，之后他还打算去希腊，即便是没有家人陪伴，他也相信自己能处理好各项事情。约翰很聪明，每到一处新的地方，约翰就会先查警察局的电话号码，这样一来，如果遇到危险和困难，他就能打电话求助。他还会经常给家里打电话或寄明信片，告诉家人自己的行程。

醒一醒吧，“小皇帝们”，摆脱你的依赖心理，让自己不断成长，成为一个自强不息的男子汉吧！

1. 自己的事自己做

从某种角度讲，依赖反映了一个人的惰性，想克服惰性，我们就要学会努力把自己的事情都做好，不要推给别人。比如，独立地解一道数学题，独立准备一段演讲词，独立地与别人打交道，等等。

2. 早发现，早克服

发现了问题就要及时的解决问题，否则会越来越严重。男孩们，看看自己是不是有很多的依赖心理，如果是，那么请你及时改正，因为独立是你生存于这个社会必须要学会的一项能力。

心理悄悄话

男儿当自强，方能筑梦远方。就像案例中的约翰一样，小小年纪却做了许多我们意想不到的事情。对于每个男孩子来说，无论是成长还是成熟，都需要自立自强。我们不可能做一直依偎在父母身边的小鸟，也不可能一直沉浸于“小皇帝”的美梦中，总要自己去面对前方的风雨，所以说，加油吧，少年！

你要明白，你是在为自己而学

每天的学习真是太辛苦了，小志感到学习压力一天大似一天。更让他郁闷的是，他感到迷茫，不知道自己现在这么拼命地学习到底是为了什么。

小志将自己的苦恼说给航航，航航若有所思地说："为了上大学呗。""可是上大学又是为了什么呢？"小志继续追问。"当然是为了不辜负爸爸妈妈和老师的期望啦！"航航脱口而出。"可是，我们读书就是为了爸爸妈妈和老师吗？"小志显然对航航的答案很不满意。"哎呀，小志你怎么了，你管是为什么呢，你只要好好学习就对了。"说完，航航和小志走出了教室。但是这个问题并没有在小志的脑海中消失——读书到底是为什么呢?

其实，对于我们学习这件事来说，更受益的还是自己。学来的知识和技能都是为了自己以后的前途打基础。可是，事实上，很少有学生会觉得是为自己而学，即便是某些学习非常拔尖的学生。学生们错误并且根深蒂固地认为，学习是为了别人。为了老师要在全年级争一个好名次而学习，为了家长在其他同事朋友中有面子而学习，或者什么都不为，只是为了学习而学习。

林林的妈妈平日里工作非常辛苦，下班回家之后还要忙这忙那，可以说是非常的疲惫。可是林林却不懂得帮助妈妈做点事情。有一次，看见林林做完作业后玩得不亦乐乎，就对林林说："你已经是大孩子了，空下来帮我干点家务。看着我一天忙到晚，也不知道关心。"林林这时很不服气地说："我怎么不关心你啦，你没看见我已经做了一个小时的作业了。"妈妈只好说："那还有许多空余时间，总可以帮帮我的忙吧！"林林十分委屈地说："我帮了这么多忙你还不满意啊？要知道做一个小时作业要花多少精力啊。"

显然林林的学习动机完全是为了家人，为了妈妈，所以他认为自己做了一个小时的作业就是对妈妈的最大回报，却不明白学习是为了自己。

男孩们，随着时间的流逝，我们在不断地长大，总有一天会离开父母、离

开学校面对社会。所以我们应该早点明白这个道理。我们是在为自己而读书，而不是为父母，为他人。应该更加懂得自己即将面临的责任和风险，应该更加知道自己面对离自己越来越近的独立生活将怎么办的现实问题，应该更加清醒地认识到自己之后该何去何从。男孩们要明白，现在我们是在为自己的将来读书，是为自己的未来积蓄生存资本和谋生财富，我们的学习不是纯粹为了父母，男孩们如果明白这些道理，会对自己的学习生涯产生积极的影响。

那么，男孩应该怎么做呢？

1. 提高主动性

积极主动并且把学习当成是一种乐趣，这样才能更好地学好本领。有了主动性，就能自主的把学习当成是生活中不可或缺的一部分；有了兴趣，无形中就会大大提高自己的学习效率。有的同学基础不好，学习过程中总是有不懂的问题，又羞于向人请教，结果是郁郁寡欢，心不在焉，从何谈起提高学习效率。这时，唯一的方法是，向人请教，不懂的地方一定要弄清楚，一点一滴地积累，才能进步。如此，才能逐步地提高效率。

2. 学会感恩

男孩们，当前能够有这么好的学习环境和生活条件，我们心里是否有一种感恩的意念呢？没有父母，我们怎能如此安心的学习，为人生打基础？没有老师，我们怎么学到如此丰富的知识，不断充实自己？所以说，我们要学会感恩。只有懂得感恩，懂得现在是为自己的将来而学，那么等到我们有所成就的那一天，我们才能够更有心、有能力报答他们。

心理悄悄话

男孩，看完这些，相信你们已经明白了很多道理。你读书是为了你自己，不是为了父母，也不是为了老师。最后享受绝大部分读书成果的也还是你自己。你还有什么理由不好好读书呢？

少壮不努力，老大徒伤悲

王凯从小就是一个调皮的孩子，从来不知道学习，在校期间总是顶撞老师、欺负同学、上课开小差，一直就是学校里出了名的坏学生。初中毕业之后，他也没有考上高中，被家里安排到一个技校去学习技术，可是没待一年，他受不了学校的管制，最终还是退学了。可是真正的面临现实，面对生活的时候，他才知道社会的残酷。由于他上学期间没好好学习，什么都不会，而且也没个正经的文凭，所以屡屡受挫之后，他去了一个工厂打工，艰苦的打工生活让他终于知道了“少壮不努力，老大徒伤悲”这句话的真正含义，他非常后悔上学时自己的愚蠢行为，他开始怀念起学习，对于自己的前途他感到非常的担忧。

这个故事告诉我们一个道理：小时候不好好努力，长大后只能像王凯一样，想学都来不及了。正所谓“少壮不努力，老大徒伤悲”。男孩们，在学习上一点也不能松懈。因为我们坚信每一个人都想成为一个有用的，为国家奉献的人。所以说，一定要好好努力学习，千万不能像王凯一样半途而废！

南北朝时期南朝宋齐间（公元 441~513 年）的史学家兼声韵学家沈约，出身于已经破落的官宦之家。他的父祖辈都立有军功，做过将军、太守一类的官，并且多数能文能武，有著作传世。到沈约这一辈时，由于统治集团内部矛盾，家族中已有多人被杀，家里的财产或被充公，或被瓜分，已经变得十分贫穷了。沈约 13 岁时，父亲也在政治风波中被杀，使得沈约少年时代就“流寓孤贫”，过着投亲靠友混口饭吃的日子。但是沈约并没有因此而消沉，他从小就立定志向要振兴家门。在颠沛流离中他没有学好武艺，不能像父祖辈那样立军功做将军。他读书却是很用功，积累了不少知识，于是决定著书立说，做个文人学士。沈约特别喜欢史学和声韵学，很早就立定志向做个史学家和声韵学家。他生活的时代离晋朝灭亡还不远，记晋朝始末的史书还没有人编写，于是他先着手编写《晋书》。经过多年努力，编成了《晋书》120 卷。不久，刘宋灭亡，南齐建立，沈约又决定编写《宋书》。他不是那种光会立志不去努力的人，而是立定志向就孜孜不倦地去实行的人。又经过多年努力，他编成了《宋书》100卷。后来沈约编的《晋书》在战乱中亡佚，而《宋书》则流传了下来，并早已被列入《二十四史》之中。在声韵学方面，沈约经过多年研究，撰有一部《四声谱》，为中国声韵学的研究开创了先河。另外他还有文集100卷，收有他平日所写的诗文。沈约的成就，实在是与他从小就立定志向，树立了远大目标，并为之不倦地奋斗分不开的。

男孩们，看一下，想一下，你们是否也有这样的情况？常常整天在家看电视，或出去和同学玩，只有爸爸、妈妈在的时候，才会认真地看一会儿书，或应付一下老师布置的家庭作业。往往是今天的作业推到明天，明天的作业推到后天，而到了后天还想玩，时间就这样白白浪费了。

男孩们，成长起来吧！十几岁不立志，二三十岁会很平庸。其实，以下几点对于男孩的成长来说，有着很好的借鉴意义。

1. 珍惜学习时间

“时间，就像海绵里的水，只要你挤，总是有的。”可是生活中又有多少人在挥霍时间呢？时间稍纵即逝，青春也是一去不复返，我们应该反思一下自己，是否用实际行动去珍惜时间，是否对时间观念有过清醒的认识。他们有的抱怨时间过得太慢，整天无所事事，得过且过。男孩要明白，时间是公正的，它回报勤劳者以硕果，回报懒惰者和平庸者以贫穷。

2. 尽力做好每一件事

男孩当前的主要任务就是学习，在宝贵的学习阶段，我们就应该明白每天的付出和努力是多么的重要，只有这样我们才能更好地投入进去。路在脚下，只要我们脚踏实地的一步步去实践、去尝试，那么我们才不会悔恨终生。

心理悄悄话

“少壮不努力，老大徒伤悲”，相信男孩们明白了时间是多么的重要，又

是多么的可贵！从现在起，养成良好的生活习惯，早睡早起。做好学习计划，合理利用时间，牢牢抓住时间的一分一秒，认真学习，积累知识，使自己成为一个成绩优秀的学生。

时间一去不复返，青春亦如此

“燕子去了，有再来的时候；杨柳枯了，有再青的时候；桃花谢了，有再开的时候。但是，聪明的你告诉我，我们的日子为什么一去不复返呢？——是有人偷了它们罢，那是谁？又藏在何处呢？是它们自己逃走了罢——现在又到了哪里呢？……”这一篇《匆匆》，朱自清不知道道出了多少人的感慨与无奈。太阳落了，第二天还会升起，可是我们自己的时间呢？我们的青春呢？那都是一去不再来的啊！

男孩们，古往今来，珍惜时间可以说是一个不变的话题，也是历代警诫后人成功的必备秘诀。时间就是生命，希望男孩谨记。

自古以来，懂得珍惜时间的名人很多，鲁迅就是其中一例。在他 12 岁上私塾的那段时间家里已经很艰难了，父亲病重，弟弟年幼，他不仅要在学校读书，还要帮助母亲照顾家里，所以说，时间对于他来说非常的重要。

由于特殊的家庭情况，鲁迅读书的时间并不是很充足，所以他整天都在尽力挤时间学习。鲁迅读书的兴趣十分广泛，又喜欢写作，他对于民间艺术，特别是传说、绘画，也深切爱好；源于这种广泛的兴趣爱好，时间对鲁迅而言就更加的珍贵，因此只要有闲暇时间，他就去读书学习。鲁迅身体不好，工作条件和生活环境都不好，但他每天都要工作到深夜才肯罢休。

时间就是生命，一直以来鲁迅都是这样认为的。在他的生活中，他非常不理解那些总是没事串门子、四处话家常的人。有时候他忙于工作或学习，如果有人来他家没事唠叨，他就会非常的厌恶，甚至毫不客气地对人家说："唉，你又来了，就没有别的事好做吗？"

"发明大王"爱迪生可以说是一个家喻户晓的大人物，其实他的成功也离不开珍惜时间。爱迪生自小就有着强烈的好奇心，并且能够把自己的想法付诸实践，直到疑惑解开为止。由于对实验和发明有着强烈的兴趣，长大之后他就专门从事这方面的职业。他在新泽西州建立了一个实验室，一生发明了电灯、电报机、留声机、电影机、磁力析矿机、压碎机等总计两千余种东西。爱迪生的强烈研究精神，使他对改进人类的生活方式，作出了重大的贡献。

爱迪生经常对自己的助手说这样一句话："浪费，最大的浪费莫过于浪费时间了。人生太短暂了，要多想办法，用极少的时间办更多的事情。"

有一次，在实验室里，爱迪生交给助手一个任务，让他测量一个没上灯口的空玻璃灯泡的容量是多少，然后开始继续自己的工作。可是过了好久，他也没听到助手的答复。原来助手正拿着软尺在测量灯泡的周长、斜度，并拿了测得的数字伏在桌上计算。爱迪生说："时间，时间，怎么费那么多的时间呢？"爱迪生走过来，拿起那个空灯泡，向里面斟满了水，交给助手，说："里面的水倒在量杯里，马上告诉我它的容量。"

这时，助手立马就读出了数字。

爱迪生说："这是多么容易的测量方法啊，它又准确，又节省时间，你怎么想不到呢？还去算，那岂不是白白地浪费时间吗？"

此刻助手羞愧地红了脸。

爱迪生这时就跟他说："我们的人生实在是太短暂，我们要学会节省时间，这样才会做更多的事情啊！"

男孩们，你们是否意识到这一点呢？名人尚且如此珍惜时间，何况我们这些普普通通的人呢？所以我们要从现在开始，把握住自己的时间！不让时间白白流逝！

1. 适当惩罚

上课迟到，做事拖拖拉拉……这些都是浪费时间的表现。我们要学会自我惩戒，警告自己下次注意。比如，如果迟到，惩罚自己下课休息时间留在教室

学习把时间补上，也可主动去找老师承认错误，立下保证，请老师一起监督自己。

2. 善用整块时间干件大事

我们要学会利用一整块时间去把事情一次性做完，不要总把事情分成几段时间来做。比如在计算一道复杂的数学题时，如果每天想一会儿，就去做别的事，那么第二天又得从头开始想，因为昨天的思路已经忘记了。这样的话，就会很耽误时间。

心理悄悄话

时间就像海绵里的水，只要挤一挤总会有的。男孩们，我们要从小认识到时间的宝贵，珍惜时间，作息规律，养成良好的习惯。此外，还要注意劳逸结合，合理放松自己。

终有一天你要离家，振翅高飞

陶行知先生说过一句话：“滴自己的汗，吃自己的饭，自己的事，自己干。靠天靠地靠祖上，不算是好汉。”终有一天我们会长大，真正走出自己的家，我们不能一直指望父母为我们包办一切，因为我们需要为父母做的还有很多。成长是一个过程，男孩们要摆脱依赖才能在远方的天空自由翱翔。

有一天，天气格外的好，一位老农去山上砍柴，傍晚回家的时候遇到一只小鸟，这只小鸟长得很奇怪，身上几乎没有羽毛，老农就将它带回家里，给自己的孙子玩。

农夫的孙子很喜欢这只小鸟，就把它偷偷地放进鸡群里，可是母鸡竟然没发现什么不同，把它当作自己的孩子一般对待。

过了一段时间，这只鸟长大了，它的体型完全不同于小鸡。身上也长出了黑色的毛，脖子长长的，于是有人看出它是一只鹰，人们都害怕它会叼村里的鸡。但是，人们的担心是多余的，这只长大的鹰始终与鸡相处得很和睦，没有一点要伤害鸡的动机，只是它会出于本能飞上天空翱翔，再向地面俯冲，这时才会引起鸡群的片刻恐慌和骚乱。时间长了，左邻右舍都很厌烦这只生活在鸡群里的老鹰，如果谁家鸡丢了，他们首先就锁定在那只鹰身上，因为鹰毕竟是鹰，生来就是要吃鸡的，即便它是在鸡群中长大的，也摆脱不了吃肉的天性。后来，人们一致要求：要么杀了那只鹰，要么把它放生，让它永远别回来。

农夫一家非常舍不得杀害那只鹰，迫于压力，他们只好选择放生，让鹰离开他们。可是不管他们怎么丢弃它、驱赶它、殴打它……那只鹰死活都不肯离开。最后他们终于明白了：原来，鹰很眷恋它从小长到大的家园，舍不得离开那个温暖舒适的窝。后来，村里的一位长者听说了此事，便说："把鹰交给我吧，我会让它重返蓝天，永远不再回来。"

这位长者带着鹰，走到了村边一个非常陡峭的悬崖边上，他站在那里，把鹰直接扔向万丈深渊。刚开始的时候，那只鹰如同一块石头般向下坠去，快要坠落到涧底时，它忽然轻轻拍了拍翅膀，便飞向了蔚蓝的天空。

鹰飞得越来越高，它的身姿越来越矫健，也越来越自由。是的，这就叫做翱翔天空，因为蓝天才是真正属于它的家。飞着飞着，它逐渐远去，最终成为一个黑点，消失在人们的视野里。

成长的道路充满无数个未知的困难，只有尽快让自己成长起来，我们才会在人生的征程中越走越远。

1. 必须要有理想

没有理想，谈何成功？前进的方向需要理想的指引，没有理想，就无法攀登人生的新高度。所以说，诺贝尔奖金永远颁给拥有理想的人们。然而，男孩们，你们心目中理想的旗帜是什么？崇高感、使命感从来是灿烂的人类文明精神的标志之一。男孩们倘若失却了自己的理想与信念，那么你们的人生价值也许便会无所依附。

2. 依赖心理是必须要摆脱的

男孩要学会选择，学会做事的技巧和知识，逐步培养自己的独立意识。应该努力靠自己的力量去取得一次次小的成就，慢慢的树立自信心和独立自强的意识。

心理悄悄话

男孩们，或许你们还觉得自己小，依赖父母是理所当然的事情，你可曾想过，如果养成了一种习惯，那么长大之后我们该如何面对呢？一辈子躲在父母的庇护之下吗？像最初的老鹰一样舍不得温暖舒适的窝。如果是这样，那你一辈子就只能是“一只鸡”，不可能成为“老鹰”。

感恩父母，用行动去付出

父母给了我们生命，为我们安置温柔的避风港，让我们在爱的小窝里茁壮成长。可以说父母为我们付出了他们的全部，可是我们是否为他们做过什么？我们看到他们高大的身影可以为我们遮风挡雨，感觉他们可以帮我们走过一路的艰难险阻。可是我们是否想过，他们真的那么容易吗？生活并非想象中那样完美，父母的辛勤是我们无法体会的，我们虽不能与父母分担生活的艰辛、创业的艰难，但我们在生活上可以少让父母为自己操心。想想当父母生病时，我们是否应该担起责任照顾父母？感谢父母，并没有多么难，哪怕是为父母做一件微不足道的小事，也能让他们感到欣慰。哪怕只是一句关心的话语，一碗自己做好的方便面，都会慰藉父母曾为我们百般焦虑的心。

古往今来，传承孝道的人数不胜数，相信男孩们也一定会怀揣感恩的心，发扬“孝”文化。

舜，传说中的远古帝王，五帝之一，姓姚，名重华，号有虞氏，史称虞舜。相传他的父亲瞽叟及继母、异母弟象，多次想害死他：让舜修补谷仓仓顶时，从谷仓下纵火，舜手持两个斗笠跳下逃脱；让舜掘井时，瞽叟与象却下土填井，舜掘地道逃脱。事后舜毫不嫉恨，仍对父亲恭顺，对弟弟慈爱。他的孝行感动了天帝。舜在厉山耕种，大象替他耕地，鸟代他锄草。帝尧听说舜非常孝顺，有处理政事的才干，把两个女儿娥皇和女英嫁给他；经过多年观察和考验，选定舜做他的继承人。舜登天子位后，去看望父亲，仍然恭恭敬敬，并封象为诸侯。

“恩情似海不能忘”这句话道出了多少人的心声，让多少人泪流满面。一颗感恩的心，普及的是你的高尚情怀，传递的是人间的大爱，更何况他们是生你养你的父母呢？

有一位男士，他是一位富豪，生活上是非常宽裕。他有一位老母亲，一天他带着老母亲去看牙，母亲牙齿全坏掉了，一进牙科诊所，牙医开始推销他们的假牙，可母亲却要了最便宜的那种。牙医感觉很不理解，不管他怎么讲述好牙与差牙的差别，这位富豪儿子却丝毫没有什么反应，只顾着自己打电话抽雪茄。最终牙医也没有说服这位老母亲，同意为她镶最便宜的假牙。这时，母亲颤颤悠悠地从口袋里掏出一个布包，一层一层打开，拿出钱交了押金，一周后再准备来镶牙。

他们离开之后，所有的人都气愤极了，感觉这个男人真的是太不孝了。牙医说他衣冠楚楚，吸的是上等的雪茄，可却不舍得花钱给母亲镶一副好牙。就在他们为此感到气愤的时候，这位男士回来了，他说：“医生，麻烦您给我母亲镶最好的烤瓷牙，费用我来出，多少钱都无所谓。不过您千万不要告诉她实情，我母亲是个非常节俭的人，我不想让她不高兴。”

做一个孝顺的好孩子，男孩们需要记住以下几点。

1. 行动起来，为父母做力所能及的事情

男孩们，为了我们的生活学习，为了给这个家带来好的生活，父母上班挣钱真的是很辛苦的。这时候，我们难道对他们的付出视而不见吗？生活中，我们要尽力去帮助父母，做一些力所能及的事情，让父母能休息一下；学习中，不要总是让父母操心自己的学校生活和成绩，做一个懂事的好孩子。这样，你

的贴心会给父母带来很大的安慰。

2. 做一个有责任、有担当的孩子

只有当自己明白了责任的重要性之后，才能独立去面对生活中的问题，才不会让父母为我们事事操劳。我们已经长大了，不是父母怀里的幼儿，父母已经给了我们他们的全部，我们要做的是感恩。

心理悄悄话

“百善孝为先”这句古语相信大家都很熟悉，在所有的美德中，孝敬父母是居于首位的。如果连孝敬父母都做不到，那么你还谈何爱他人、爱祖国呢?看完上面这两个故事，相信男孩们眼中已泛着感动的泪花。是啊，感恩，让人间充满更多的爱，让我们的心灵更加的纯粹。行动起来，从点滴做起，学会对父母表达你最真切的爱吧!

你要明白你并不是世界的中心

现今社会，很多孩子都是独生子女，可以说哪个都是家中的宝贝儿。在家里被宠爱一些也就算了，可很多学生到了集体之中也一样“我说了算”。比如在班级里，班上要组织点什么活动，总有一部分同学就是无法和周围人好好相处，不是瞧不起这个，就是看不起那个，总觉得自己了不得。要是遇到分组活动，各种矛盾更是层出不穷。太过以自我为中心，使得很多孩子失去了与他人交流的机会，也失去了向他人学习的机会，这种现象可以说是越来越普遍，令人担忧。

陈丽、王月和李娇一直以来都是非常要好的姐妹，有一次她们约好各自带着孩子出来小聚，他们进入一家店里买东西，正好三个人买的东西合起来可以

收到店家赠送的一份精美礼物，结果看到礼品之后三个孩子都想要，陈丽的孩子首先把礼物拿到手中，王月的孩子看到后不高兴了，哭着要，李娇的孩子看到他们哭，也跟着哭了起来。后来，陈丽好不容易才把孩子说服，放弃礼物送给弟弟妹妹。王月也把孩子说服放弃了。如此一来，这份精美的礼品非李娇的孩子莫属了，但让人出乎意料的是，李娇说不能让孩子独享这个礼物，否则，他以后就会认为，只要通过哭闹，就能达到自己的目的。最后，三个孩子都没有带走那份礼物。

李娇对孩子的心理掌握得非常好。她知道，孩子不顾及其他两个孩子的感受，一心想得到礼物并以哭闹作为一种“威胁”的手段，已经是一种以自我为中心的明显表现，一旦让他得到满足，就会助长他的这种心理。相反的，把礼品留下来，并告诉他，另外两个孩子也很喜欢这个礼品，那么下一次，他想要得到某样东西时，就会考虑别人的感受。

男孩们，如果不考虑他人的感受，一味地满足自己的需求，那么我们就真的是一个自私自利的人了。长期下去，也必然会严重阻碍个人的发展前途。

涵涵的妈妈总是喜欢在人前夸奖自己的女儿，说女儿多么的聪慧，在学习中成绩如何的好，此外各项才艺也是非常出色，比赛中还经常拿奖，可以说是把女儿捧上了天，可是妈妈的娇惯却让涵涵养成了一些不良习惯。她与同学相处不好，同学关系紧张。由于涵涵多才多艺，学习又好，再加上家庭比较富有，她时常瞧不起班上的其他同学。在学习上，如果有同学向她请教问题，她会随口说：“这问题太简单了。”当看到别人的穿着一般时，她也会说：“这衣服太不好了，买件贵点儿的穿吧。”她就是这样，给人的感觉仿佛她就是“小公主”。她很傲，有时自己做错事了，也不承认，还多方辩解，甚至有时为了获得荣誉还弄虚作假。长期以来，很少有同学愿意与她相处。

男孩们，你要记住世界不是从你出生那一刻才开始运转的，你也不是世界的中心，所以如果想要在朋友之间获得好的相处，你就要及早摆脱这种心理。

1. 家庭环境很重要

由于家庭的宠爱，很多孩子总是把自己当作世界的中心，从不考虑他人。男孩们，我们要摆脱这种心理，从小做起，从自己的家庭开始，一点点逐步

改善。比如，有了什么好吃的，全家人一起分享，有意识地去主动负责力所能及的家务，等等。要明白，在这个世界上，我只是普通的一分子，不会受到特殊的待遇。久而久之，那种自我中心的行为倾向也就无所依托了。

2. 懂得付出

与人相处，不要总是要求他人对自己好，我们自己也要学会去为了他人付出一些东西。如果在交往中为了满足自己，处处维护自己的自尊，与其他人造成对立，最终只能将自己封闭起来，将自己与外界隔离开来，处于自我封闭和自我隔绝的状态。

心理悄悄话

自我中心是一种极为常见的现象，在这种心理下人们总是希望周围的一切围着自己转，自己是世界的中心，很少关注他人的想法。对于中小学生来说，这种现象产生的原因主要是缺乏良好的家庭教育。在家庭中他们处在中心的地位，就曾有小学生说过，“在家里爸爸听妈妈的，妈妈听爷爷、奶奶的，而爷爷、奶奶听我的，家里我是老大！”在家庭中形成的这种自我中心的个性使他们在人际交往中也是以自我为中心，希望别人服从自己，而且以自己的眼光去评判周围的事物，不能客观评价别人和自己。

第02章　我心有梦
——人生的成就是从选定方向开始的

梦想有多远，你就可以走多远，如果没有梦想，人生就没有前进的方向。因为有了梦想，我们才能拥有奋斗的目标，而这些目标凝结成希望的萌芽，在汗水与泪水浇灌下，绽放成功之花。男孩们，一步登天是不现实的，理想的阶梯需要逐级攀登，脚踏实地才能筑梦远方。我们要学会放宽自己的眼界，不要局限在自己的小圈子里，要学会在优胜劣汰的竞争中争取自己的一席之地。

脚踏实地，方能筑梦远方

在我国著名的思想家、文学家、政治家荀子的《劝学》一文里曾有这样一句话：“故不积跬步，无以至千里；不积小流，无以成江海。”这句话的意思是说千里之路，是靠一步一步走出来的，没有小步的积累，是不可能走完千里之途的。引申开来，就是做事要脚踏实地，一步一个脚印，不畏艰难，不怕曲折，坚韧不拔地干下去，才能最终达到目的。是的，在你准备奔跑前，一定要学会如何走路。男孩们，不论干什么我们都要有脚踏实地的精神，不能半途而废，也不能好高骛远，凡事一步一个脚印，这样才能走得更远，收获更多。

一位男士从网上看到一家公司招聘中层管理人员的广告，于是决心去尝试一下。到面试那天，他准时到达了公司，当时接待他的是公司的总经理。这位男士看到总经理比较严肃，他的内心便紧张起来，但是他尽力保持镇静，详尽地回答总经理的提问。

总经理问："先生，结合您几年来的工作经验，您谈一下对公司未来发展的一些看法？"

这位男士说："先生，当前的主要问题不是讨论公司未来的发展前景如何，我认为公司的发展应当是秩序化的管理。"

总经理问："此话怎讲？"

"因为我到您这里的时候，已经看到了公司的现状。"这时，外面突然传来警车鸣笛的声音，但是这位男士却好像什么也没有听见，仍在认真阐述自己的观点。

总经理说："当前面试的已经有一百多个人，其中有八十几位与你的看法是相似的。"

总经理所说的话，相信大家都能明白是什么意思。

这位男士还是觉得有些失望，不过，他还是很有礼貌地起身告辞。

当他开门出去的时候，突然看到地下有一个钉子，于是他就随手把钉子捡了起来，然后开门往外走。

这时，总经理突然在后面喊道："先生，我能继续和您谈谈吗？"

这位男士很好奇地问："先生，我不是没有希望吗？"

总经理笑着说："先生，在参加面试的这一百多人里，只有你的答案是最与众不同的。关键是刚才捡钉子的细节，更是让我佩服。要知道，有多少面试的人都踢开了这颗钉子，唯有你看到了这颗钉子的存在，这证明你非常务实，是一个脚踏实地认真对待工作的人，我决定录用你！"

事实证明，这位男士到了公司之后，脚踏实地，做出了卓越的成绩，最终成为公司的总裁。

男孩们，成为一个脚踏实地的人，知道怎么做吗？

1. 从当下的事情做起

当下的事情做不好，怎么谈以后？男孩们，遇到一道难题都不想解决，就幻想成为全校第一，现实吗？所以，要想取得更大的进步，就必须把当前的每一件事做好。学习是一个不断积累的过程，只有不断地超越自我，才能收获更多的知识。

2. 遇到困难不退缩

男孩们，困难面前要懂得多方位思考，用自己的实际行动去解决问题，而不是选择退缩。如果懂得这样思考总结、找方法，多次尝试，其实你就是在进步，就是在走向成功。

心理悄悄话

男孩们，想要有出息就要做到脚踏实地，在任何情况下对于任何事情能够做到脚踏实地那就非常的了不起。当前我们的主要任务就是学习，我们要从故事中学到的就是一种脚踏实地的精神，一步一个脚印，用文化知识充实自己，这样我们才能积少成多，实现大的飞跃。

不要总急于求成，一步登天

罗马非一日建成；冰冻三尺，非一日之寒。我们追求效率原本没错，然而，一旦陷入盲目追求一步登天的旋涡之中，失败便已注定了。“一口吃不成个胖子”，及时地给自己的心灵洗个澡，去除那些躁进的因子，人生才会拥有更大的幸福。

男孩们，我们要时刻谨记，一步登天只是一个传说，理想的阶梯需要逐级攀登。

有一个故事大家都不陌生，那就是拔苗助长。庄稼的生长是有其客观规律的，人无力强行改变这些规律，但是那个宋国人不懂得这个道理，急功近利，急于求成，一心只想让庄稼按自己的意愿长高，结果得不偿失，让自己所有的辛苦都付之东流。其实，万事万物都有其自身发展规律，我们做的所有事情也

有客观的规矩或限制，做事必须循序渐进，而不能急于求成。正如一位哲人所说“违背客观规律的速成就是在绕远道”，只有尊重事物发展规律并付出踏实的努力才能获得最终的成功。

春秋时期，郑庄公准备伐许，开战之前，为了挑选出优秀的先行官，他先在自己的国都组织了一次比武大赛。部下众将领听后，均面露喜色。因为大家都很在意每次立功的机会，都跃跃欲试。

经过紧张的准备，比赛终于开始了。首先进行的是击剑格斗。众将领都使出了浑身的解数，只见空中短剑飞舞，盾牌晃动，斗来冲去。经过轮番比试，已有6个胜出。接着进行的是箭术比赛，之前胜出的6名将领每人各射3箭，以射中靶心者为胜。6位胜出者中有一位叫公孙子都的将领，他武艺高强，年轻气盛，从来都不把别人放在眼里，他上场后，3箭连中靶心。还有一位年纪稍大点的叫颍考叔，他上场之后，也是3箭连中靶心，这场比赛下来，其他将领均已落败，只有这两位打了个平手，留下来参加下个项目的比赛。

最后一项的比赛是让他们二人站在百步之外，同时去抢一部战车。如果谁能先抢到手，谁就是这次伐许的先行官。这时的公孙子都轻蔑地看了颍考叔一眼，因为他心里明白：自己要比颍考叔年轻许多，力气也大，这一轮肯定是自己赢。比赛正式开始了，刚跑到一半路程的时候，因为公孙子都抢车心切，加快了步伐，谁知刚加速，他的脚下一打滑，就栽了个大跟头。等他再次爬起来的时候，颍考叔早已抢车在手。

不服气的公孙子都，还准备去夺颍考叔手中的战车。庄公连忙制止，并宣布颍考叔为这次伐许的先行官。就是从这个时候开始，公孙子都一直对颍考叔怀恨在心。

伐许的战争终于开始。颍考叔果然不负庄公厚望，他手举大旗英勇地带领大批将士不断进攻许都城。只见颍考叔率先从云梯上冲上许都城头。眼看着颍考叔即将大功告成，可是城下嫉妒得要死的公孙子都却拔出箭来，搭弓瞄准城头上的颍考叔射过去，一下子就把颍考叔射了下来。这时，与颍考叔一起的另外一位不知道实情的大将瑕叔盈还以为颍考叔是被许兵射中阵亡了，连忙捡起战旗，继续指挥士卒冲城，最终拿下了许都。

越是急于求成，越容易迷失自己，男孩们，相信我们应该看懂了，急于求成的人最终摆脱不了栽跟头的下场。公孙子都，因为他急功近利的心态导致了自己没能顺利赢取先行官的头衔。男孩们，请记住：不管你多优秀，都不要急躁，要稳步向前，这样才能锻炼成为一个从容不迫的男子汉。

1. 培养耐心

男孩们，每个人都想成功，每个人都希望自己能够取得更大的进步，可是这不是一蹴而就的事情，需要我们一步步脚踏实地地去积蓄力量，这样才能到达理想的彼岸。相反，如果只是为了短期利益而急于求成，那反而会离目标越来越远。由此可见，做事情切不可急功好利，要从日常生活中培养耐心、信心，凡是都要用心，专心才容易成才。

2. 合理定位自己

男孩们，想一想自己有哪些优缺点，想一想是否对自己有一个明确的认识，如果自己都不了解自己，那谈何成就自我，超越自我？认识自己的同时，还要有务实开拓的精神，天上不会掉馅饼，只有自己动手做才能品尝到成功的喜悦。

心理悄悄话

也许你现在还感觉自己的进步不是很明显，总是着急尽快实现前几名的梦想。其实，男孩们要明白，学习是一个不断努力的过程，不可能一下就实现质的飞跃，所以我们要想取得更大的进步，就应该一直保持坚持不懈，积极向上的精神面貌。

放宽眼界，不要做井底之蛙

一位欧洲留学的中国学生和他昔日的好友谈起了自己世界观的转变。小时候成绩非常突出，后来又以高分考上了县里的一所重点中学。可是在一群条件高于自己，实力非常强大的学生中，自己的光环逐渐丧失，于是内心产生了嫉妒心理：比自己好的同学原来都有六棱好铅笔，自己却没有，天道不公啊！经过几年的苦读，他居然又成为县中学的第一。而他又觉得：人与人之间还是不平等的，为什么自己没有好钢笔呢？几年后他中学毕业来到北京上大学，可是渐渐发现自己的成绩已经到了中下游。看到城里的同学是好铅笔成堆，好钢笔成把，早上蛋糕牛奶，晚上香茶水果，想想自己，早上一个窝头还舍不得吃完，还要给晚上留一半。“合理”又从何谈起呢？

后来经过自己的努力，他来到欧洲留学，此刻站在更广阔的视野里，他觉得自己的世界观发生很大的变化。之前的悲观、嫉妒、埋怨一下子就全部消失了。原来自己选取的比较标准发生了变化，看到的不再是自己的同学、同事和邻居，而是整个世界。

男孩们，眼光长远才能走得更远，相信大家都不愿意做井底之蛙，永远走不出自己的小世界。

阿凯和阿利基本上同时在一家大型超市上班，他们刚去的时候都是从最基层做起。可是没多长时间阿凯就升职了，从普通职员到领班直到部门经理。阿利却像被遗忘了一般，还在最底层工作。终于有一天阿利忍无可忍，向总经理递出辞呈，并痛斥总经理狗眼看人，辛勤工作的人不提拔，反而提拔那些吹牛拍马的人。

总经理一边听着，一边思考着这个家伙的优缺点，虽然吃苦耐劳，但是阿利总是给人一些缺了点什么的感觉，突然经理想到了一个点子。

“阿利先生，”总经理说：“您马上到市场上去，看看今天有什么卖的。”

阿利很快从市场上回来说，刚才市场上只有一个农民拉了车黄瓜在卖。

“一车黄瓜大约有多少袋，多少斤？”总经理问。

阿利又跑回去，回来后说有50袋。

“价格是多少？”阿利再次跑到市场上。

看着阿利累的上气不接下气，经理说：“请休息一会儿吧，看看阿凯是怎么做的。”说完叫来阿凯对他说：“阿凯先生，您马上到市场上去，看看今天有什么卖的。”

阿凯很快从市场上回来了，汇报说到现在为止只有一个农民在卖黄瓜，有50袋，价格适中，质量很好，他带回几个让总经理过目。这个农民一会还将上市几箱土豆，据他看价格还公道，可以进一些货。像这种价格的土豆总经理大约会满意，所以他不仅带回来几个土豆作样品，而且把那个农民也带来了，他现在正在外面等话呢。

总经理看了一眼红了脸的阿利，说：“请他进来。”

男孩们，如果是你，你会怎么做呢？相信他们两个的做法也是很多同学的做法。如果一味地沉浸在当前，那么你永远也走不出你自己的小圈圈？

1. 明白当下与长远的关系

如果一个人的眼光只是着眼于当下，那么他和井底之蛙有什么区别呢？一个有思想的人是不会被眼下的好与坏束缚的，他们看到的是更为长远的未来。男孩们，不要畏惧艰苦的生活，也不要觉得学习是一件枯燥的事情，因为这都是在为你未来的美好生活打下根基。

2. 多读书，开阔视野

书籍的力量是我们无法估量的。读书，不仅增长智慧，对于人的一生也有着重要的意义。想开阔视野，读书是必不可少的。男孩们，不要局限于课本知识，要多去看一些书报，看得多了，才能了解的多，心境才会更加开阔。

心理悄悄话

男孩们，想要开阔视野，当然离不开读书。相信男孩心里应该明白，读书在人生中的分量到底有多重。读书就是一种学习，读书是知识的积累，读书能提升自己的心灵修养。男孩们正是处于学习的最佳阶段，一定要做到博览群书，从书中了解古今中外，从书中探索未来的奥秘。

你和谁在一起，真的很重要

和勤奋的人在一起，你不会懒惰；和积极的人在一起，你不会消沉；与智者同行，你会不同凡响；与高人为伍，你能不断进取直至登上巅峰。科学家研究认为："人是唯一能接受暗示的动物。"积极的暗示，会对人的情绪和生理状态产生良好的影响，激发人的内在潜能，发挥人的超常水平，使人进取，催人奋进。

男孩们，所谓近朱者赤，近墨者黑。在现实生活中，你和什么样的人在一起的确很重要，甚至能改变你的成才轨迹，决定你的人生成败。

其实下面的案例，相信在生活中我们很多男孩都经历过或者目睹过。

章昱明属于那种很自我的男孩子。他思想偏激、做事冲动，根本不考虑别人的感受。从小学到高中，他几乎不和同学交流；上了大学以后，第三天就和室友闹矛盾，干脆搬出宿舍，自己到外面租房，把自己和同学隔开。毕业以后，他在北京找了份工作。工作一般，待遇也一般。北京是个什么地方啊，一切开销都很高，他负担不起房租。万般无奈，和同事合租一间房。一年之后，昱明回家探亲，做事稳妥、语气平缓，一举一动，竟然有了君子之风。他的表哥私

下问及原因，他回答说：“主要是我的同事给我的影响太大了。”

原来，与昱明同住的同事是个很不错的小伙子。他明事理、有主见，与人相处起来得心应手。昱明常常能从他身上找出自己的不足。初时感到很羞愧，时间长了，就从他身上学到了很多做人处世的方法，渐渐地自己也跟着改变了。

看完这个故事，相信男孩们也有不少的启发。“近朱者赤，近墨者黑”，确实是这个道理啊！长时间接触那些品质优良的人，无形中你就会受到他们的感化与熏陶，逐渐地把他人的长处转化为自己的长处，从而让自己变得更加优秀。在学习上，难道不是这个道理吗？如果你选择与积极向上的同学在一起，那么你一定会受到启发提升自己，如果整日里跟那些喜欢打架闹事的同学在一起，那么相信没多久你也会成为其中的一员。

王鑫大学毕业后，被分配到一家市级银行的分行工作。刚开始工作，王鑫十分努力，他也适时地和分行行长交流业务问题，虚心求教。很快，头脑聪明的他，获得了行长的赏识。

几年过去，王鑫荣升为这家分行的信贷科科长。慢慢地，王鑫和社会上的一些朋友熟悉起来。你来我往，经常一起喝酒吃饭。这期间，正巧分行行长年事渐高，到了要退下来的时候，他也有意让王鑫接替他的位置，于是让王鑫做了代理副行长，还经常带王鑫出席各类金融会议，结识了许多金融界的重要人物。老行长嘱咐王鑫，要多多学习、多多联络，做好各种铺垫。

但是年轻的王鑫没有把老行长的一番话听进去，心浮气躁的他，在一大堆社会朋友的吹捧中渐渐迷失了方向，每天都忙着和社会上的朋友交际。慢慢地，大把的资金通过他的手借给了他的那些朋友。

最终，许多借款都成为了坏账。王鑫风光无限的前途就这样被他自己给葬送了。

王鑫的下场就是因为自己没有意识到环境能给人带来多大的影响。就像那句话所说的，“你是谁并不重要，重要的是你和谁在一起。”他人的影响其实对自己还是很大的。有句西方谚语也这样说，“你认识的人决定你的未来”，意思就是，现在你见到的人是谁，你认识的人是谁，将会决定你的未来。

北宋著名诗人欧阳修，在文学和政治方面都有很高的成就。

他在颍州做官时，一个叫作吕布著的人在他手下当差。吕布著很仰慕欧阳修的才华和见识，经常向他请教一些文学方面的问题。

一次，欧阳修的朋友范仲淹来拜访欧阳修，欧阳修也邀请吕布著一起作陪。范仲淹对吕布著说："你能在欧阳修身边做事，真是太好了，你应该多向他请教一些写诗的技巧。"

吕布著听后，深以为是，此后也更加频繁地向欧阳修请教了。

后来，在欧阳修的言传身教下，吕布著的写作水平得到了很大的提高，成为了当时有名的诗人和政客。

那么，看完这几个故事，我们又有什么收获呢？

1. 提高自我辨识能力

男孩们，我们已经不是幼儿了，我们在不断的成长，所以我们自己要有自己的想法，能够合理的、正确地辨别环境的好坏。我们可以多观察、多请教师长，看看周围人处理问题之后的后果如何，不断学习，这样才能提高自己的辨别能力。

2. 自我提高，学习他人长处

男孩们，要记住：学无止境。我们的社会正在迈着巨大的步伐前进，人类也在不断向前，如果你还在原地踏步，那其实就是一种倒退。我们都应该确立"活到老、学到老"的观念，放下"架子"，丢掉"面子"，虚心地向他人请教。多向那些积极的同学学习，见先进就学，见好经验就学，体现了虚怀若谷的胸襟。有这样的态度，一定能不断提高，不断进步。

心理悄悄话

男孩们，虽然你们还小，但是有个道理是一定要懂得的，那就是人生应该不断学习和进步，正所谓"活到老、学到老"。北大心理学认为，一个人只有不断地和优秀的人接触，才能让自己受到熏陶，逐渐变得优秀起来。

对泼你冷水的人说“无所谓”

对于自己喜欢做的事情，人们的内心总会有一种向上的心，那是一种热忱。这时候，如果给予一定的赞美与鼓励，人就会变得更为热情，爆发出巨大的能量。但是如果有人对此泼冷水，说出一些嘲笑、讽刺的话，很多人就会失去信心，甚至觉得对方有理，从而丧失了那份激情。这是一种很正常的心理，相信很多人都经历过，对此，我们该如何应对呢？

这个故事将会告诉我们对他人泼冷水的行为是多么的令人反感与伤心。

董坤师傅重新启动汽车，离开了那片别墅区。开出了几条街后，他突然停了下来。因为他发现汽车后座上有一包东西。

“肯定是刚才那个客人不小心遗落的，”董坤师傅将那包东西拿起来，掂量了一下，心里揣测，“里面好像是长长方方的纸袋，感觉像是百元大钞。”

前面有人挥手招车，但董坤师傅对招车的人致以歉意的微笑，然后紧急掉转了车头。

其实董坤师傅大可将这包东西留下，因为那个客人上车后就醉沉沉的，下车时也是直冲而出。董坤师傅可以肯定，他没有留心自己的长相和车牌号。何况那个客人住在别墅区里，多半是个大款，显然不差钱。

但董坤师傅过不了心里那道关，最终决定把这包钱送回去。不一会儿，董坤师傅就把车开到了客人进去的那座别墅门前。他着急地按下电铃，对讲机那头传来男人懒散的声音，正是那位客人。

董坤师傅高兴地说：“您好，我是出租车司机，您刚才在我的车上掉了一包东西，我特地给您送回来，请您出来拿一下吧！”谁料男人没有丝毫惊讶的意思，只是轻飘飘地说：“噢！这样啊，那么就留给你用吧，那包东西我不要了！”

随即对讲机就挂断了，董坤师傅愣住了，他赶忙打开那包东西，看见的竟

是一件沾满呕吐物的衣服。

男孩们，如果是你，你会怎么想呢？相信很多男孩非常生气吧。本来是满怀热心地去做一件善事，可是结果呢？却被人浇了一盆冷水，结局真是令人难以置信。不仅伤害了自己内心的那份热情，还伤害了自己的自尊心。看完这个故事，相信男孩们已经明白了什么是泼冷水，下面的故事或许对男孩怎样应对这种行为有一定的指导意义。

都德是法国著名作家，短篇小说《最后一课》中强烈的爱国主义精神至今还深深打动着全世界的人们。

都德出生在法国南部的普罗旺斯，他小时候，家庭的境况就已经开始没落。都德的母亲对读书有着很大的兴趣，在他记忆中母亲每天都用大把的时间沉浸在书里，无形中给了年幼的都德很大的影响，他如母亲一样也成了一个书迷。正巧父母有一位书商朋友，有此便利条件，都德很早就已博览群书。都德刚成年时，曾经当过小学教师。他体质不好，生性温和，经常被一些顽皮的学生捉弄。后来，他辞去教师一职，和哥哥一起来到了巴黎。没想到，巴黎是个很适合都德的城市，在那里，他显露出了非凡的文学才能，他写的一些关于普罗旺斯的神话以及民间传说，带有浓郁清新的乡土气息和传奇色彩。

可是，生活中总有一些人喜欢泼冷水，都德的周围出现了一些质疑声、挖苦声、嘲笑声，说他写得乱七八糟，一点意思都没有。面对这些恶言恶语，都德却毫不在乎，一笑置之，继续写作。正是这样的坚持，使都德写出了大家熟悉的《最后一课》和他的成名作《磨坊信札》等优秀的作品。虽然都德大部分时间生活清苦，但一生都勤恳写作，不太在意那些突如其来的批评和唾骂。

作为新时代的少年，我们也要学会自我调整，敢于对给自己泼冷水的人说一句“无所谓”。

1. 检讨自己

男孩们，我们不仅要远离那些喜欢给自己泼冷水的人，但是我们也要认识到自己有没有这样的行为。 喜欢给身边的人泼冷水不是个好习惯，我们要热情的对待生活。热忱就是一种热情，一种对人的热情、对事情的热情、对学习的热情，还有对生命的热情。人的热忱如果被浇熄了，真是很可惜的事。我们要

学会鼓励他人，鼓励自己，这样才能取得更大的进步。

2. 转移注意力

我们没必要对他人消极的话耿耿于怀，做好自己就好了。男孩们，如果遇到令人讨厌的人，我们要学会大度，置之不理，去做自己喜欢的事情，比如读书、运动、参加娱乐活动，等等。

心理悄悄话

假如遇到一些喜欢泼冷水的人，那就远离他们吧，免得让自己心烦。不需要讨好别人，也不需要委曲求全。与其把时间耗在无价值的闲聊上，不如读一些智慧之书，听听优美的音乐，享受精神大餐。世界不是围着一个人而旋转的，所以不能让每个人都对你关爱有加，赞不绝口。那些泼你冷水的人只是对你了解得不够深入，不必在意，只要自己的心是坚定的就够了。

社会不像自家，对你处处优待

我们不可能永远在家的安乐窝里养尊处优，做着王子梦，一直被当做宝贝一样宠爱着，终有一天我们会走出家门，步入学校、社会，走向人生的各个起点。这时候我们要明白“适者生存”的道理，要想在社会中更好地立足，就必须拥有良好的竞争意识，那么不论环境如何改变，生活如何艰难，我们都能成为一个打不倒的男子汉。

有一位外国的长跑教练，他在培训运动员方面很有研究，他的主要成就就是在短时间内培养出了多名长跑冠军。那么他到底有什么成功的秘诀呢？说出来恐怕大家都非常震惊。原来秘密就在于他有一个神奇的陪练，这个陪练不是

人，而是一匹凶猛的狼。

教练对运动员要求极为严格，每天早上所有的运动员都要跑步到达训练场地，不准使用任何交通工具。但是其中有一位因为离家太远，每天都迟到。教练准备放弃他，劝告他早些改行，以免浪费自己的时间。

可是有一天早上，想不到的是这名每天迟到的运动员竟然第一个到达训练场。教练根据他离家的时间进行测算，惊奇地发现其速度已经打破了世界纪录。于是，他向队员详细了解情况。

原来，这名运动员在前往场地的过程中遇到了一匹野狼。野狼拼命地追，吓得他在前面拼命地跑，直到将野狼远远地甩在后面。

这时教练感觉豁然开朗，是啊，自己怎么没想到呢？他的速度源于一匹野狼，也就是竞争的敌人，是敌人的存在才激发了他身体内部从未爆发出来的潜能。不久，教练就请了一个驯兽师，带来几匹狼，每到训练时刻，就将狼从笼子里释放出来，追赶运动员，结果队员的成绩有了很大的提高。

男孩们，看完故事，想想这个惊心动魄的画面，相信大家内心应该会燃起一种紧迫感。其实，生活何尝不是这样的？竞争对手就在你面前，如果你不努力，你的生命就会有危险。男孩如果缺乏竞争力，最后只能被你的竞争对手打败。人活着就应该有梦想，为了实现梦想就应该磨炼自己，突破自己，这是我们需要明白的道理。社会不是你的小家，对你处处优待。

新的学期开始了，四年级的乐乐决定要提升自己，在这个学期冲刺全班的前四名。他爷爷问："你们班里的前四名同学就是你的竞争对手，要想赶上或超过竞争对手，你就得了解竞争对手，虚心向竞争对手学习。你们班前四名同学都是谁，你知道吗？"他说："我知道，他们是李航、王宇、张志宁、陈晨。"爷爷又问："陈晨同学与你相比有哪些优点？"他说："他非常爱学习，学习很主动，很刻苦。课堂上勇于举手发言，自己弄不懂的问题就虚心向老师和同学请教"。爷爷又问："张志宁同学和你相比有哪些优点？"乐乐说："她课堂听讲精力非常集中，对知识不死记硬背，能举一反三。"爷爷又问："王宇同学与你相比有哪些优点？"乐乐说："他非常珍惜时间，也很有毅力，对疑难问题从不放过，直到钻研明白、弄懂弄通为止。还有，他总是按时完成作业，

还喜欢看课外读物。”爷爷接着又问：“李航同学与你相比有哪些优点？”乐乐如数家珍都作了具体回答。最后爷爷说：“现在你知道应该怎么做了吧？记住，知己知彼，心里才能有底；学人之长，才能胜利有望。”乐乐顿时恍然大悟，信心十足地说：“爷爷，我明白了。您瞧着吧！”爷爷充满希望地看着孙子说：“好孩子，我相信你能成功。”

在爷爷的启发和帮助下，乐乐看到了竞争对手的优势，找出了自己存在的差距，下决心比他们学得更好，更刻苦。他的自身潜能得到了充分发掘，学习成绩提高很快，期末考试一跃名列全班前茅。

学习中，男孩也要向乐乐学习有一颗积极向上的心，还要为此不断努力。

1. 了解自己的不足，学习他人长处

连自己都不了解，还怎么找准目标突破自己呢？所以说，男孩们，静下心来，多去思考一下自己哪里做得不足，缺点和优点有哪些，这样才能更好地去借鉴他人优点，弥补自己缺点。平时可以多去学习一下，请教其他同学。

2. 拥有一颗向上的心

男孩们，只要你有一颗永远向上的心，你终究会找到那个属于你自己的方向。所以，请不要在最能吃苦的时候选择了玩耍，忘记了读书，要从小树立目标，这样才会实现你最终的梦想。

心理悄悄话

男孩们，明白了吧？做一个有竞争力的人，不仅要提升自己，不断刻苦地学习，还要多去了解他人，学习他人的长处，所谓知己知彼，才能百战百胜，盲目地沉浸在自己的小天地里也是不行的。提高竞争力，男孩需要做的还有很多。

第 03 章　我的青春
——青春懵懂，正视并不完美的自己

青春期是青少年朋友们最为宝贵的黄金时期，也是给青少年们带来困惑和不解的一段日子。在青春期，青少年的身体发生了令人震惊的剧烈变化：曾经纯真的童声不见了，变得沙哑难听；脸上好多毛茸茸的小胡子，很难看；脖子上的喉结，鼓鼓的很奇怪……此外，还比较喜欢接近女孩子。这些其实都是青春期的变化，那么，对于青春期的苦恼我们该如何应对呢？

青春期，身体变化多多

明明最近总是闷闷不乐，放学就躲到房间里。晚饭后，爸爸和他进行了沟通。原来他的声音最近发生了变化，使他不敢和同学讲话，怕人家笑话。爸爸拍拍他的肩膀说：“儿子，你应该觉得自豪，说明你开始走向生理成熟，变声只是一个方面。爸爸给你讲讲你的身体都有哪些变化。”听了爸爸的解释，明明不再觉得不好意思。

其实这种情况还有很多，因为年幼，许多男孩对此还不是很了解，所以容易产生一些困惑，这是一种正常现象。这时候男孩可以寻求家长的帮助，让自己的疑惑烟消云散。比如，有时男孩也会注意到自己的乳房也在发育。上初二的男孩强强悄悄地对爸爸说：“我个子长高了，可是我的乳房也随着长大了。爸爸，我是不是发育不正常？我会不会变成女孩子？”爸爸笑着说：“放心吧！这是正常现象，你不会变成女孩的。”通过爸爸悉心的讲解，强强终于明白了其中的奥秘。

青春期男孩的身体变化有以下几个方面：

1. 生长加速

人体有两次快速生长期，一次是在婴儿期，另一次就是在青春期。青春期的身高呈直线加速生长，从加速初始到加速高峰大概历时 2 年，男孩大概从 10~12 岁开始，平均每年增长 7~9 厘米，在加速高峰期最快每年身高可以增加 10~12 厘米以上，以后逐渐减慢，直到最后停止生长。从加速生长到最后停止生长，男孩为 4~9 年，身高增加 25~30 厘米。

2. 体态改变

男孩进入青春期后，从一个调皮可爱的小男孩，变成了身材魁梧、肩宽胸阔、肌肉发达、四肢粗壮的男子汉。这些体格的改变都是在雄性激素的作用下产生的。由于男孩肩带的软骨细胞对于睾酮比较敏感，产生增殖反应，使肩部明显增宽。同时男孩的身体肌肉增加，脂肪增长量下降，最终男子的肌肉发达，脂肪蓄积量明显低于女子。出现男性特有的肩宽胸阔、身材高大、肌肉发达的倒三角体态。

3. 器官功能发育

肺活量随着年龄的增加而增长，男孩在青春期可以增加 2000~3000 毫升。心率则逐渐减慢，随着年龄增长而下降 10 次 / 分。随着青春期的到来，男孩的血压值高于女孩。男孩的肌肉力量明显增加，握力和背肌力均高于女孩。除了灵敏性和柔韧性外，在速度和力量方面都是男孩高于女孩。

4. 性发育

睾丸的增大是青春发动的最初征象。到了青春期的时候，睾丸长度大于 2.5 厘米，睾丸容积达 4 毫升，相当于鸽蛋大小，同时出现阴囊增大，阴囊皮肤颜色变红，是青春期开始的征象。男性青春发动的平均年龄为 11.5 岁（10~13.5 岁）。随着青春期发育，阴茎也增长，可以从发育前的 5 厘米长到发育末期的 12 厘米，阴囊皮肤由泛红到色素沉着变深，皱褶增多且松弛。在睾丸增大的同时，附睾、精囊、前列腺也逐渐成熟，生殖细胞不断分裂繁殖，到青春发育中期可以产生精子和出现遗精，初次射精年龄平均在 15~16 岁，但首次遗精不代表性成熟，因为精子数量少，多数精子还不成熟，性器官还在发育中。

睾丸开始分泌大量的雄性激素，在雄性激素的作用下，男性第二性征也就随之出现了。一是出现体毛（胡须、腋毛、阴毛），阴毛出现最早，在12~13岁时，在阴茎根部就可见少量颜色浅、稀疏柔软的茸毛，以后逐渐向会阴部蔓延，颜色也渐渐变黑，毛粗而卷。到了青春后期，大腿内侧、耻骨联合部位、肛门周围也出现了阴毛，呈菱形分布。腋毛的出现比阴毛晚一年左右，一般从腋窝中央部位开始向周围蔓延。胡须的萌发，约在15岁，先从上唇的两侧开始逐步向中间增长，以后两鬓及下巴处亦会出现。毛发的生长分布是雄性激素水平的重要标志。二是变声，声带变长，声音由尖细变得嗓音低沉，这时颈部正中喉结突起。所有这些都意味着男孩已成为一个真正的男子汉了。

看完上述的几点变化，男孩们有没有总结出青春期发育的一般过程？

① 10~12岁出现生长加速；

② 11~12岁睾丸增大，青春发动开始；

③ 13岁左右阴毛出现，睾丸、阴茎增大，出现生长高峰期；

④ 14岁开始变声，喉结增大，腋毛出现；

⑤ 15~16岁长胡须，睾丸、阴茎接近成年人，出现遗精；

⑥ 16~18岁面部出现痤疮，体毛增多；

⑦骨骺逐渐闭合，一般骨龄达17岁时停止长高。

但青春发育的进程不是绝对的，而是受很多因素的影响，常会出现某个性征发育提前或错后一些，这也是正常的。

心理悄悄话

男孩们，随着年龄的增长，我们的身体必然会发生一系列的变化，特别是青春期阶段的变化尤为明显。我们要了解自己的身体，认识到其间的变化，这样才能更加清楚地认识自己、接纳自己的不同。

纯真的童声去哪了

男孩们，声音的变化是自己开始走向生理成熟的一个方面，所以说是一种人人都经历的正常现象，我们不要不敢面对，也不要觉得声音变粗很丢人，因此我们应该正确对待自己的声音变化。

男孩可能会好奇，为什么小时候我们男孩跟女孩的声音没什么区别，可是长大了突然会变得沙哑呢？其实，这是正常现象，这说明男孩进入了青春期，青春期的一大特征就是变声。男孩的变声期一般是在13~16岁，变声期大约可持续半年到一年的时间，在这段时间里，男孩要特别注意声带的保护，否则容易出现声音沙哑、咽喉红肿等嗓音病变现象，同时说话或唱歌的声音音域、音色、音调等也会发生很大的变化。

初中二年级五班的陈小航是小伙伴中有名的“麦霸”，不单在每年班里的元旦联欢会上，他的歌曲演唱节目总是压轴大戏，每每博得全班同学的喝彩，就连平时大家一起去K歌时，他也常常攥着麦克唱个不停。

可就在前不久的一堂音乐课上，老师让陈小航为同学唱一首自己最拿手的歌，他兴致勃勃地唱起了周杰伦演唱的《听妈妈的话》。没想到，当唱到高音部分时，竟然露了怯，居然跑调了，还发出了一种很怪的声音，逗得同学们哄堂大笑。不知谁还冒出了一句：“唉哟，踩着鸡脖子了吧。”另一个同学笑道：“好像是唐老鸭来了！”弄得陈小航脸一下子红到脖子根，好不懊恼。又试唱了几次，仍然没有好转，他有些灰心，再也不敢引吭高歌了。

这时，音乐老师对全班同学说：“同学们，大家不要笑，陈小航的声音虽然变得低沉、沙哑，但这并不是一件可怕的事，因为你们正处于青春期的变声期。这个时期的变化是一种假性变化，还没有成型，没有被完全固定下来，只要你们能及时掌握变声期嗓子的保护措施和技巧，过一段时间，是可以使嗓子恢复昔日风采的。”

虽然听了音乐老师的话，陈小航心里有了一丝安慰，但这堂课的经历，却在他心里留下了阴影。以前，音乐课是陈小航最喜欢的课，现在，他却最怕上音乐课，怕听到同学们的嘲笑声。他不愿意相信，本来很嘹亮的嗓子怎么一夜之间变成这个样子了？他只觉得嗓子又闷又憋，就连说话发出的声音都是沙哑难听的。

或许有的同学正在经历这种变化，有的同学还没面临，不管怎样，我们都要用积极的心态去面对，不要感到自卑或者难过，面临这种变化，男孩要做的就是保护好自己的嗓子。

1. 饮食方面要多加注意

富含胶原蛋白和弹性蛋白质的食物对于变声期的男孩来说非常的合适，如猪蹄、鱼类、豆类、海产品等；还要多摄入含 B 族维生素和钙质的食物，如蛋类、芹菜、番茄、豆类、动物肝脏、豆制品等；少吃炒花生仁、爆米花及油炸类硬且干燥的食物，以免对喉咙造成机械性的损伤；多饮水，使咽喉得到滋润，但不可喝太烫、太冷的水；少吃酸、辣、苦味等刺激性的食物，少吃冷饮，因为这些食物都会刺激气管、喉头与声带；忌烟酒，因烟酒中的有害物质会影响声带的生长发育。

2. 不要过度使用你的嗓子

变声期的嗓子要格外的保护，男孩一定要懂得合理使用，不要刺激到嗓子，要懂得让声带休息。不要大声嘶吼，尤其注意不要过度 K 歌，以减少声带负担，要知道，青春期用嗓过度会导致声带过度充血、肿胀，引发急慢性喉炎、声带小结等疾病，严重者还可能导致终生声音嘶哑。

3. 规律的生活习惯

男孩应养成规律的生活习惯，劳逸结合，保证充足的睡眠。在平时生活中应加强体育锻炼，增强身体免疫力，减少上呼吸道感染，这对声带的生长会大有裨益。尤其要注意保暖，因为着凉、感冒都会加重声带的肿胀和充血。

心理悄悄话

男孩们，你们正处于长身体的阶段，要明白声带发生了变化，声音自然也会发生变化。而且，随着这些变化而来的，还有一些其他生理上的变化。男孩变声期的完成一般需要半年至 1 年的时间。这段时间男孩一定要保持好心态，正确对待这种变化，让身体健康成长。

毛茸茸的小胡子，莫苦恼

在生活中，有一些青少年认为自己的胡须影响美观，非常厌恶自己的胡须，因此总是拔自己的胡须。其实，拔胡须是没有效果的，拔掉的只是毛干、毛根。由于拔不掉毛球、毛乳头和毛囊，因此，一段时间过后，胡须仍然可以顽强地再长出来。

小星是某初中的一名初二学生，今年 14 岁，正值青春期。这段时间以来，有个问题让小星十分苦恼，那就是嘴边和下巴上长了胡须。刚开始的时候，只有稀稀拉拉的几根，小星也就没在意。可是，后来，胡须越长越多，弄得脸上毛茸茸的，怎么看怎么不舒服。

于是，小星经常会情不自禁地照着镜子用手去拔。刚开始的时候，还有一定的效果，最长的几根一下子就拔没了。可是，后来小星发现，胡须越来越茂密，拔的不如长的快。小星想用刮脸刀去刮，可是一想起父亲铁青的脸色，他就难受，因为他可不愿意早早就成为那个样子！

可是不刮，只能拔掉，怎么办呢？最后，小星偷偷地拿来了父亲的刮胡刀。看到胡子一根根减少，小星开心极了。可是，不知什么时候，爸爸已经站在了他的身后：“干嘛呢？”

小星看到自己的秘密被爸爸发现了，只好说："胡子有碍观瞻，我要刮掉它！"爸爸看了看儿子的可笑表情，然后便转身离开了。很快，爸爸就折返回来，递给儿子一本书，说："看看这本书，你就知道怎么保护胡子了。"小星拿过来一看，是本《男孩生理卫生》。

其实小星经常会情不自禁地照着镜子用手去拔胡须，甚至常常拔出血来。男孩要明白，进入青春期后，在雄性激素的作用下，口唇部位开始长出胡须，这是男性第二性征的表现，也是男性区别于女性的一个重要特征。胡须的出现是在腋毛出现后的一年左右，也可能早一些。这时候的男孩已经接近性成熟期，即由一个调皮可爱的小家伙变成了身体魁梧、肌肉发达和声音洪亮的男子汉了。

那么，男孩子究竟应该从什么时候开始刮胡子呢？我们就来谈一谈这个一直困扰着众多小男子汉和家长们的问题吧。

1. 胡子何时开始刮因人而异，但过早刮胡子没有必要

每个人的体质是不一样的，所以何时开始刮胡子的问题也是个很个体的问题。通常情况下，男孩在 13~18 岁之间开始长胡子都是正常的。这时嘴唇上会长出一层黑色的茸毛，但是这层茸毛要长成真正意义上的胡须还需要相当长的一段时间，所以，这时候刮不刮胡子意义并不大。而且如果在不必要的时候过早地随意刮胡子，会刺激和加快胡子的生长，从而使胡子越长越密。

2. 乱扯、乱拔胡子很危险

有的男孩为了美观，对于新长出的胡子有些反感，所以总是想着把它们拔掉。但是，这是一种不好的习惯。男孩可能不了解，其实细小的胡须却有着复杂的结构。它是毛发的一种，露在皮肤外面的部分只是毛干，皮肤里面还深埋着毛根。毛根末端膨大部分叫毛球，毛球下面包含神经末梢和血管的毛乳头，可供给毛发营养。毛根周围有毛囊，毛发旁还有皮脂腺。拔胡子不但很疼，而且容易造成毛囊及皮脂腺损伤，使细菌得以乘虚而入，易引起毛囊炎、皮脂腺炎，甚至危及生命。并且一般情况下，拔胡子只能拔掉毛干、毛根，拔不掉毛囊和毛乳头，胡子不久之后仍会长出来，相信拔过胡子的男孩都有过这样的经历。

3. 刮胡子的正确方法

对于胡须浓密的男孩来说，学会刮胡子也是很重要的一步。第一步先用

温水洁面，待毛孔放松张开、胡须变软后再开始剃须。第二步，用剃须刀沿脸颊、脖子开始，再到嘴唇周围及下巴处。注意，为了防止血液传染病，比如，艾滋病等，不要跟别人混用剃须刀。最后，剃完须后，用温水洗脸，着重洗胡须的部位，再用凉水冲一下，这样有利于张开的毛孔收缩复原。再在剃须部位涂些滋润液、霜等，以安抚皮肤，减少刺痛。

心理悄悄话

男孩们，长胡子是男孩长大成熟的一种标志。其实，真的没必要费心劳神的去在意这个男孩都有的现象。大多数人一般要在 20 岁左右才长出明显的胡须，十五六岁的少年完全没必要为那一层黑茸毛而烦恼。

为什么脖子上有个小凸起

亮亮最近总是喜欢照镜子，并且处于恐慌的状态。小庆笑他说："什么时候变成女孩子了，跟他们一样爱美。"亮亮辩解道："你不要瞎说，你看我脖子上长出的这个小东西，真是让我烦透了。虽然它不影响我吃饭、喝水，但是它会不会是什么病变前兆啊？"小庆听罢，用手去轻轻摸了一下他脖子上的小骨头，"疼不？"小庆小心地问道。亮亮摇摇头说道："没啥感觉。"在亮亮说完后，亮亮发现小庆的脖子下好像也有，便说道："小庆，你摸摸你脖子那儿，好像跟我一样耶！""是吗？咦，真的呢！"小庆吓了一跳，心想这可怎么办。

这时，强强走了过来，说道："喂！你们在做什么呢？看起来很痛苦呢！"亮亮像看到救星一样说"强强，你来了，太好了！你可是咱们班最聪明的孩子了！我俩现在很苦恼，瞧我们脖子下长的小东西！"强强一看，便说道："这个呀，

你俩完蛋啦！昨天，我在电视上看到，说这个是一种叫做肿瘤的家伙，会死人的！”当场，小庆和亮亮就吓傻了！强强看着他俩吓傻的模样，捂着嘴笑道：“笨蛋，这就把你们给吓着了！以后啊，回家多学着点，告诉你们，脖子上长的小东西叫做喉结，没啥可怕的！它不是肿瘤，它是我们进入青春期的标志，放一百二十个心，因为啊，你们已经踏进了男人世界的第一步！而且长喉结只有我们男生才有哦！”强强说完之后，便溜之大吉了！亮亮和小庆互相看了看，再看看周围的女生，才放下心来。这时亮亮反应过来：“小庆，强强他刚才欺负我们！”小庆这才想到，笑嘻嘻地说：“走，赶紧追他去，他是想吃吃我的小拳头了，哼哼！”

男孩已经长大了，进入青春期需要面临的变化还有很多，所以没必要害羞或者不敢面对。关于喉结，男孩不要害怕，看完以下几点，男孩就会对它有个更明确的认识。

（1）喉结只是喉部甲状软骨上的一个结构部位，男女都存在，只不过由于没有足够的雄性激素的作用，一般来说女孩没有明显的喉结表现。喉结是青春期时男性第二性征的特征之一，由雄性激素及促肾上腺皮质激素使然。

（2）人的喉咙是由 11 块软骨做支架组成的，其中最主要、最大的一块叫甲状软骨。胎儿在两个月时，喉软骨就开始发育，直到出生后 5~6 年，每年不断增长，但从五六岁到青春发育期这一时期内喉软骨生长基本停止。不论男女，儿童时期的甲状软骨都一样大。进入青春期后，男性雄性激素分泌增加，两侧甲状软骨板的前角上端迅速增大，并向前突出形成喉结，同时喉腔也明显增大，几乎是新生儿的 6 倍，这样使男孩原先清脆的童声变成低沉而粗壮的成人声音。男子的这个性征是由睾丸分泌的雄性激素睾丸素所引起的。正常女孩的卵巢虽然也会产生微量的睾丸素，但只有男子的 5%，所以一般女子不会长喉结，即喉结不会明显突出。

心理悄悄话

男孩们，如果你还不甚了解青春期方面的知识，一定要一边学习一边关注一下自己的变化。青春期对于男孩来说就是一个学习新课程的过程，男孩在了解知识的同时一定要懂得呵护自己的身体。

别让友谊蒙上“早恋”的面纱

下面是一位读初二的男孩写下的关于早恋的内心感受：

我来自农村，今年上初二了，在学习上我是一个非常上进的学生，也很刻苦，一直以来成绩还可以，每次都保持在全年级前三十名。但寒假结束到校后，我们班来了一位新同学，是一个女生，她的座位离我很远，我们只说过一次话，但我也说不清怎么就喜欢上她了。难道这就是早恋吗？感情的冲动使我上课经常走神，晚上独自一个人时就想这个女生……理智上我知道应该克制，但是我却不能让自己把全部精力用到学习上去，我时常自责，我该怎样才不至于留下终身懊悔呢？

初二的学生正处于青春期，这个阶段学生的早恋问题也比较正常。可是青春期的孩子在自我克制方面的能力还不够成熟，所以极易因此而耽误学业。现实生活中不少青年学生陷入早恋，往往难以正确处理好学习、事业、健康的关系。医学专家热情奉劝恋爱中的男女孩子：在青春期恋爱这个问题上，要做“行动的矮子”“思考的巨人”。首先要想明白爱的意义，包括责任和义务。特别要提醒女孩万万不能偷食“禁果”，发生性行为，这是一种风险性极大的行为，不仅对少女身心健康造成危害，更重要的是对你们未来的家庭幸福都会带来伤害，这种伤害的影响往往会伴随一生。

陈浩是家里的独子，爸爸妈妈为了让他好好学习，给他创造了很好的物质条件。他也很争气，从不惹祸，不仅成绩在班里名列前茅，而且还当上了班长，很多同学的家长都把他当做教育孩子的榜样。

然而上了初二以后，妈妈却发现儿子有些改变。平时，放学后陈浩总是按时回家写作业，现在却常常晚回家半个多小时，问他他就说在学校写作业了。周末的时候，儿子也不在家看书学习了，一早就出去，很晚才回家。并且还常常躲进自己的房间打电话，一打就是一两个小时，有时候还坐在椅子上发呆或

者莫名其妙地发笑。这让妈妈很担心，孩子是不是精神上有什么毛病了?

后来，一个偶然的机会，妈妈去商场买东西，看见陈浩跟一个漂亮的女生牵着手逛街。看着他们有说有笑很亲密的样子，妈妈恍然大悟：儿子这是早恋了，这可怎么办才好。

男孩们，早恋从某种意义上来说也不是错误，只是对于男孩这个年龄段来说实在太早，因为你们还不具备各方面的心理素质和外在条件。假如过早沉浸在恋爱中，就会偏离原本的生活轨道，忘记自己的责任，失去奋斗的目标。而且男孩一旦遇到失恋的打击，很容易一蹶不振，在心理上造成阴影，最终毁掉自己的前程。实践表明，只要父母正确引导，这时的男孩可以控制自己的情感，可以人为地不再扩大彼此之间的感情，并能像对待其他同学一样对待自己喜欢的人，并且善于把感情转化为动力。如果身陷其中，男孩可以学会倾诉，寻求父母的帮助，一起携手解决当前的困惑。

面对早恋，男孩知道怎么做吗?

1. 不要让友情变质

随着心理和生理的成熟，青春期的男孩女孩对异性的关注度就会明显增加，彼此之间的交流也会变的频繁起来，其实，这是一种正常的心理现象，不是一件丢人和见不得人的事，这与道德品质没有关系。绝大多数青少年都“早恋”或“单恋”过一个自己喜欢的异性，关键是青少年如何正确处理早恋和男女正常交往的关系。不要过分地敏感，不要以为异性对你好一点就是爱上你了，也不要动不动就向人家表达爱意。

2. 想想后果如何

整日沉浸在恋爱里，你有没有想到你的学业已经受到了严重的影响?原本用来学习的时间很多时候被爱恋的对象所占据，因此你没心思去学习，也觉得学习没多大意思，上课注意力就难以集中。由于没有认真听讲，学习成绩就会越来越差。青少年学生要把眼光放得远一点，要用理智战胜自己的感情。毅力的真谛是战胜自己，你能战胜自己就能摆脱早恋。

心理悄悄话

早恋极容易迷失自己的内心，在该学习的年纪偏离方向。男孩们要有“好男儿志在四方”的远大理想，努力学习，充实自我，那么在未来的岁月，自己是会有大作为的，也会品尝到甜蜜的爱情果实。

是否要表白或被表白的心理困惑

初中二年级五班有个非常优秀的女生名叫王琳琳，不仅长得漂亮，更是诗情横溢，校刊上经常登载她的抒情诗歌。在参加学校文学社活动时认识了初三年级的一名男生张豪，慢慢熟识后，张豪对王琳琳产生了强烈的好感，便找各种理由主动与她接近。给她写情诗，买花送给她，为她画素描，送她上下晚自习，还给她买书买杂志，爱得轰轰烈烈。

那天，张豪写了一篇美文，其中有个句子“在我的心中产生了涟漪”，他装作很诚恳的样子向王琳琳请教。然后还把自己的美文读给她听，可是王琳琳并没有什么反应。当张豪好不容易鼓足勇气向王琳琳表白自己的爱慕之情后，没想到，却被她兜头冷水泼下。她告诉张豪，自己的学习目标很明确，一定要考个重点名校。她婉转地拒绝了张豪的追求，并对他说，咱们现在年龄还小，都应该好好学习，希望你以后不要再打扰我了。

张豪心有不甘，叫上最好的朋友来帮助自己。某个周末的傍晚，张豪和他的朋友一起找到了王琳琳。张豪的朋友着急地再次替张豪告白，而王琳琳低着头急匆匆地进了家属院。因为有保安，张豪没敢再追，和他的朋友坐在家属院大门前，失落地给王琳琳发着短信。半个多小时过去，天已昏暗，夜已寂静。对面却杳无音讯。张豪悲伤地回家了，他的朋友也叹着气走了。

这无疑给了张豪沉重的打击。看到张豪日益消沉，他的朋友劝他，哥们，别这么垂头丧气，俗话说先苦后甜，如果你努力奋斗考上了好高中，你和人家女孩才会站在同一水平线上，这样你们才有共同的语言和未来可言。现在只是初中，一切都是未知。

于是，张豪暗暗下定决心，将被拒绝当作自己好好学习的动力，用自己的优秀来吸引同样优秀的女孩。原来张豪对上哪所高中根本无所谓，后来却一心要考本市的一所重点高中。一方面可以不辜负家长老师对自己的期望，另外，这所高中就在他初中学校旁边，今后可以方便和王琳琳继续接触。

最后的结局是，张豪还没有去上高中，对王琳琳的单思恋情就结束了。他把全部思想和精力都用在了学习上，中考很成功，考上了理想的高中，但不是初中旁边的那所学校。

男孩们，不管是被表白，还是向他人表白，相信很多男孩都可能会出现相似的烦恼。那么合理地处理自己的心事就显得非常重要。

1. 集中注意力去学习

男孩们，我们应该明白我们现在处于学习阶段，此阶段的主要任务就是学习。早恋是正常现象，但是关键看我们怎么去克制自己。我们应该像故事中的男孩学习，把这种情感转化成学习的动力，不断提升自己，随着时间的流逝，自己变得成熟起来，年少的烦恼也就慢慢淡化了。

2. 不要耿耿于怀

男孩如果遇到表白受挫，那也不要耿耿于怀，要放下，男儿志在四方，现在是打基础的阶段，要明白不是谈感情问题的时候，放下就是解脱。如果被表白，那也要注意怎么婉言拒绝，不要粗暴的伤害女孩子的心，要鼓励她一起好好学习，不要因此耽误学业。

心理悄悄话

时间会慢慢治愈你的伤口，在你看来无法自拔的一段爱情，或许多年以后，就会变得很淡然，对当时的孩子气一笑带过。希望男孩早日走出早恋的苦恼，用更积极的心态面对自己的远方。

第 04 章　谁不叛逆
——调整心态，不要总和师长对着干

孩子在生长阶段都会遇到叛逆期，出现叛逆心理是很正常的，这是每个孩子必经的一个阶段。但是，有些男孩叛逆心理程度比较严重：上课的时候总是无法集中注意力，经常与老师同学发生矛盾，处事冲动容易意气用事，动不动就冲着自己的父母大喊大叫……这些行为对于自己的成长都是极为不利的。男孩们，我们要学会克制自己的情绪，做理性男孩，不要因自己的叛逆铸成无法挽回的大错。

学会与父母积极沟通

不同的生活经历，不同的教育环境，这一系列的差异给父母和子女这两代人无形中造成了很大的代沟。长久下来由于缺乏交流，父母总是担心着孩子不听话，而子女却总是抱怨跟父母无话可说，代沟太深，自己得不到理解。然而，交流是人与人之间互相沟通的主要方式，而沟通更是人与人之间增加理解的唯一渠道。沟通是打开心灵的钥匙。父母与孩子之间的关系是否和谐、民主，是否能开诚布公，平等交流，给孩子更多自由选择、决定的机会，孩子是否能理解父母的苦心、爱心，这些对孩子的成长都是非常重要的。其实，许多孩子的成功都源于能够很好地处理好与父母之间的关系。

晴晴刚进初中校门不到两个月，活泼性格的她就很快适应了初中的生活，与同学相处很好，同学也很喜欢和她相处。但是生活并不都是欢声笑语，晴晴也遇到了一些人际关系问题。无法想明白原因的她打电话回家，妈妈认真听了

她的故事。

“我觉得既然能成为同学，说明大家很有缘分。同学之间就应该相互关心相互帮助。拿我自己来说，对一些同学很好，够朋友，如果谁遇到什么问题，我都乐于助人。但是我发现，当自己有问题时，其他人都变得没反应。”

“我觉得有些人很自私，只想得到不想付出。”

“那你帮助别人的时候，你开心吗？”妈妈问道。

“嗯。我感到很充实很快乐。只要能做到的，我就会尽力帮助别人。”晴晴说道。

“那就对了，只要你开心就行了，何必理会他人的做法呢。”妈妈接着问道。

“但是我有困难的时候也想得到他人的帮助啊，我能做得到，她们为什么就不能做到？”晴晴有些气愤地说道。

“在这个世界上，付出不一定和得到成正比，甚至可能成反比，只要自己问心无愧就好了，这样朋友才会慢慢多起来的。”在与妈妈的长谈中，晴晴慢慢转变了看法，对付出与回报有了更深的认识。

“妈妈，谢谢你。”

“傻孩子，妈妈很开心你能和我们说心事。真没想到，女儿读了初中并没有像其他孩子那样与父母渐渐疏远，还能和父母分享心事，我心里感到很欣慰啊。”

男孩们，父母是最疼爱我们的人，也是我们的启蒙老师，我们长大了，自立了，难道就不屑与他们谈心了吗？确实，在一些事情方面，他们是不理解我们，是过于保守，但这不是他们的错。作为年轻人，我们要做到以良好的心态积极面对生活，主动跟他们交谈，让他们的担忧和困惑一点点消失，这样懂得沟通才能互相理解、互相支持。父母的经验是人生经验的总结，不要忽视我们的父母。他们在走过自己的童年之路、少年之路、青年之路后，已对人生有了更深层次的思考，生活已给他们提供了丰富宝贵的经验。父母对我们的种种告诫和提示，更多的不是出自书本，而通常是来自他们真实的生活。所以说，男孩如果有心事或者解不开的疙瘩，记得与父母谈谈心，寻求更好的解决办法。这样才能拉近彼此的距离，从而更好的走好人生的每一步。

那么怎样才能更好地沟通呢?

1. 懂得理解和尊重

父母不仅要为了生活在外打拼，还要关心我们的学习，可以说是非常不容易，我们要多多理解他们。父母做的一切都是为了孩子，如果感觉父母不理解你，从而感到委屈，我们要主动去跟父母解释一下自己的想法，化解不愉快。同时我们必须要尊重父母，如果做不到这一点，对父母没礼貌，那真的是冲破了道德底线。

2. 学会换位思考

一个能站在他人角度为他人着想的人真的是非常令人佩服的。男孩们，当我们不理解父母、与父母发生冲突的时候，要学会换位思考，替他们想一想，了解他们是为了什么，有什么想法，有什么道理。这会使我们变得更加冷静和理智。

心理悄悄话

男孩们，跟父母谈心不是“长不大”的表现，懂得交流才是你逐步走向成熟的标志。在交流沟通中，说不定父母也会受到你的影响，接受一些年轻人认可的新生事物，那样，会无意中缩小代沟，增进家庭亲情。

顶撞老师就是勇敢吗

处于青春期的部分孩子，可以说是相当叛逆，不仅不把父母放在眼里，与父母吵架，在学校也总是顶撞老师，跟老师过不去，经常目无师长，出口成脏。这种行为是极为不妥的，也是不道德的表现。尊师是我国传统的美德。老师像

辛勤的园丁一样为学生“传道、授业、解惑”，被称为“人类灵魂的工程师”。不论何时，我们都要做到礼仪待人，尊师重道。

尊师是中华民族的传统美德，古往今来多少感人故事至今仍令人津津乐道啊！宋代学者杨时和游酢拜程颐为师，有一次他俩去请教老师，正逢老师午睡，为了不惊醒老师，两人站在门外雪地等候。当老师醒来时，雪已有一尺深，二人遍身是雪，仍然恭敬地站立在门外，这就是“程门立雪”的尊师美谈。现如今，不要求每一位学子能够做到他二人那样，但是起码的礼仪还是要有的。男孩们要记住，顶撞老师、目无尊长的人肯定不会是一个受人喜欢的人。

初中二年级有个出名的男生，他叫张子越，一直骄傲自大，自以为非常的了不起。子越很聪明，在学校的学习成绩也不错，他对数理化特别感兴趣，理科成绩比较突出。但是这个孩子性格倔强，非常叛逆，在家经常顶撞父母，在学校也时常和老师发生冲突。老师们发现一个奇怪的现象，尽管子越经常被老师请进办公室，遭训斥。但他在同学中却有很大的威望，同学们将他顶撞老师的行为视为勇敢的表现，对他很是佩服。为了弄清楚这个不正常的现象，经过一番商讨，老师们决定在校园举行“什么是真正的勇敢”的活动，意在引导孩子们了解所谓勇敢的正确观念。

在活动上，老师特别让大家不要有所顾忌，畅所欲言。一个同学说：“我胆子很小，所以崇拜那些胆子大的人。像有些同学敢和老师顶嘴，我觉得就很了不起，因为对我来说，就是刀架在脖子上，我也不敢啊。”有的同学说：“我认为那些敢和老师顶嘴的同学，就是勇敢的人，和这样的人在一起，有安全感，遇到打架的事他会帮你，不会跑掉，很讲义气……”对这些孩子的天真看法，老师只能报以苦笑。要不是这个主题班会，他还真的不了解，一个喜欢顶撞老师的学生为什么在同学之中竟然有这么高的威望。于是老师耐心地针对什么是真正的勇敢，对同学们进行了一次深刻而有意义的教育。

包括张子越在内的很多孩子，他们的是非观念还没有成熟，往往把顶撞师长作为勇敢的表现而加以推崇，这显然是错误的。当我们做师长的发现孩子的错误倾向后，能够用正确的方式从思想深处进行教育开导，对于学生是非观念的纠正起到了良好的作用，是一种值得提倡的教育方式。

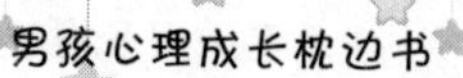

男孩们，把顶撞当做勇敢真的是一种比较幼稚的行为，如果我们有张子越同学的这种想法，一定要加以杜绝，认清是非，这样才能成为一个德才兼备的好孩子。

1. 要明白老师的付出都是为了我们的前途

讲台是老师传道授业的主要场所，洒满了老师的汗水。我们要虚心学习，认真上好每一堂课，取得良好的学习成绩，这是对老师最大的尊重。

2. 不顶撞，尊敬老师，讲礼仪

见到老师要主动打招呼；对于老师的教导要虚心接受；进老师办公室时要轻轻叩门，然后开门进去，询问完问题之后懂得表达谢意……这些都是文明礼仪的范畴。

心理悄悄话

你或许是家里说一不二的“皇帝”，但却不能在学校也称王称霸。老师批评你或许有不妥之处，但下课后找老师谈谈，远比当面顶撞要好得多。这样也会加深彼此的理解，让误会烟消云散。如果你想通过顶嘴这个方法引起老师的注意，其实大可不必。课下找老师谈谈希望被他关注，希望他能够多帮助自己的想法，比顶嘴效果要好得多。

老师，您是跟我过不去吗

“为什么那些不听话的同学都能受到老师的关注，而老师总是看不到我呢？老师就是不喜欢我，那我也做个坏孩子……”步入学校，很多学生希望能够得到老师的关注，如果老师忽略了自己，就会觉得老师跟自己过不去，然后

产生一系列的叛逆心理希望引起老师的关注。是啊，会明显地感受到老师的每一点情绪变化，甚至有时候还会发挥自己的想象力进行猜疑：老师对他好，对我不好；老师喜欢他，不喜欢我。这种认为老师“偏心”的孩子大有人在，带着这样的情绪，他们怎么能够和老师建立一种良性的互动呢?

亮亮是某小学六年级的一名小男生。这天下午，他回到家后就跟爸爸唠叨：“张老师太偏心了，他故意和我过不去，我那么努力他都看不到我，班里的‘问题’男孩都总是得到他的关注，我也不想学习了，老师就是不喜欢我……”经爸爸询问后得知，原来，因为学期将要结束，亮亮所在的班级要评选优秀进步生。班主任张老师推荐的几个候选同学的名单里没有亮亮，这让亮亮很是不开心。

看到儿子这么委屈的样子，爸爸有些心疼。他很清楚，自从升入六年级之后，亮亮比以前还要努力，更早地去学校，更晚地回家，而且还经常帮助老师做一些事情。在学习成绩方面，亮亮也有了明显的提高，从以前的20名进入了前15名。

经过一番深思熟虑，亮亮的爸爸找到了班主任张老师，他心平气和地把亮亮这段时间的表现、努力成果和失落以及现在他不想好好学习的想法，如实地说了出来。

张老师听了亮亮爸爸的话，很有感触地说道：“这段时间班级里事情很多，一方面忙着班里的事情，另一方面还要开导一些平日里问题比较多的学生，忽略了亮亮的变化。亮亮一直是个挺懂事的学生，我对他很放心，所以最近一段时间对他关注度有所欠缺，我很内疚。你放心吧，我会帮助他重新振作起来的。”

第二天放学后，亮亮回到家就兴奋地告诉爸爸：“今天班主任王老师表扬我了，我也成了优秀进步生，而且张老师还说希望我继续努力，下次考入班级前10名。爸爸，以后我一定要更加努力地学习，不放弃，你也要监督我哟！”

男孩们，现阶段你们的心是脆弱敏感的，所以很容易产生一些猜忌。容易出现一些心里不平衡的想法。比如，“老师上课总是提问他，而不提问我”“和别人发生了争执，老师就会拿我‘开刀’，简直太偏心了”“我进步了这么多，老师却像没看到一样，我同桌才有一点点进步，他就表扬起来没完”……大多数时候，其实是孩子们自己多想了，大部分老师都希望每一个学生都得到更好的发展，只不过有时候因为每个学生不同的自身条件和现实状况，老师采取不同的方法对待罢了。男孩们切忌因为自我感觉老师的某些地方让你不开心而去做一些冲动的事情。

1. 故意捣乱引起老师的注意

有的男孩感觉被忽视了，就故意惹是生非来博取老师的关注。男孩们，这种行为是不可取的。要为老师考虑一下，想想原因，或许老师因为班级事务的繁忙，或是因为忙于工作，我们这种方式是对自己不负责的表现，我们可以主动找老师谈谈心，或许问题就迎刃而解了。

2. 别想太多，做好自己

男孩们，不要想得太多，做好自己你就会变得更加优秀。担心的越多就会失去越多，老师并没有跟你过不去，与其胡思乱想，不如用学习来证明自己。

心理悄悄话

男孩们，大部分老师会针对不同的学生采取不同的教育方法，每个学生都是不同的个体，如果你觉得是“偏心”，或许只是你不懂得老师的用意罢了。

静一静，克制自己的冲动

青春期的孩子容易叛逆，总是我行我素，同时青春期的孩子也容易冲动，会在冲动的时候迷失自己，理智不受控制就会做出一些违反常规的事情。冲动的后果是我们无法想象的，总会带来一些不必要的损失，让人追悔。所以，如果你处于青春期，那就一定要懂得克制自己，学会调节情绪，及时纠正不良情绪，不让冲动误事。

这次开学，强强就上初二了，他感到学习压力非常大，家里父母又寄予了很大期望，所以他最近的心情非常压抑。此外，新的学期感觉自己跟不上步子，学习的知识越来越难，强强总是觉得自己不如别人，感觉自己非常努力学习了，但成绩就是不尽如人意。这时候，他的情绪开始出现不稳定，还时不时地产生厌学情绪，尤其是遇到一丁点小事就十分冲动和恼火。

一次，后面座位的小志不小心踩到了他掉在地上的钢笔，那是叔叔从外地给他带来的生日礼物，他二话没说，照着小志的鼻子上就是狠狠的一拳。当看到小志的鼻子被打出血，慌忙向水管跑去时，他呆呆地站在那里。就连他自己也无法相信，自己怎么会因为这点儿小事去打人。

不只在学校，在家里也是如此。有一次，强强上完最后一节体育课，兴冲冲地跑回家。一看，妈妈不在家，是爸爸在做饭，爸爸做饭一向很慢，他就抱怨爸爸做饭晚了，等爸爸做好饭时，说了他一句："没看我忙着吗？那么大了，也不知道过来帮帮忙，一下班回来就急着给你做饭，你怎么还耍起性子来了。"爸爸说了几句，他就当着爸爸的面，使劲把碗摔到了地上。

强强自己也时常为自己的坏脾气烦恼，可是稍微有人得罪他一点，他就无法约束自己。不是说一些伤害人的话，就是动手用暴力解决问题。

强强的问题相信很多男孩都经历过或者目睹过，遇到事情容易急，不时就用暴力解决问题，结果害人害己。一个人只有明白自己的情绪，才有办法去合理地处理它，所以一个人遇到事情最好的解决办法就是保持冷静、不要冲动。当刺激过来的时候，先冷静一下，去想想外面是什么，里面是什么，中间是什么，把它们综合起来进行判断，再做出自己的反应，这时的反应应该是很正确的，才不会后悔。冲动是可以克制的，所以男孩们要学会自我调节，不能任由自己做出一些悔恨终生的事情。

1. 心胸宽广一些，计较的少一些

越是计较的人，就会越容易因为一点小事而闹得不可开交。男孩们，朋友之间没有什么过不去的，没必要事事那么较真。胸怀宽广才是真正的男子汉，当一些小事纷扰了你，请你理解、豁达，这也会反映出你有着不同于别人的素质和修养。

2. 自我调节，学会掌控自己的情绪和行为

男孩们，冲动是一种行为缺陷，缺乏理智并带有盲目性，因此我们要学会控制情绪，对后果有一个清醒认识，如果因为自己的冲动造成无法挽回的后果，你想一下那是多么的可怕啊！其实，在自己学习或者生活中，遇到不如意的时候，为一点小事而大动干戈、发脾气，既破坏了和谐的氛围，也破坏了同学间的团结。想一下，这又是何必呢？

心理悄悄话

控制不住自己？那就在发火之前给自己几分钟的时间，随后再去爆发。短短的几分钟往往会给你带来很大的转变，让你从疯狂的状态恢复到理智。静一静，深呼吸，下一秒你就能做出更好的决定。

早早把叛逆心理甩掉吧

青春期并不是你任性和狂妄的借口，每个孩子都是从不同程度的叛逆走过来的，叛逆也是成熟路上的必修课。但是别人能把控住自己，不做出一些过分离谱的事情，自己为什么做不到呢？如果任由这种情绪发展下去，这就是对自己极不负责的表现。所以说我们要学会掌控自己的情绪，必要时寻求师长的理解和帮助，多加努力完善自己，而不是自暴自弃，任由自己胡闹。

张冉冉今年 13 岁了，正在某初中读初二，最近迷上了读小说，特别是一些言情和科幻类的书籍，可以说已经到了茶饭不思的地步。上课不听讲，总是分神，动辄还顶撞老师。听到老师说张冉冉的学习状况和在校表现，张冉冉的父母非常的伤心，回家之后进行了批评教育，禁止她“看小说”，放学回家后

决定督促她好好完成作业，补习功课。

没想到，张冉冉听父母说完之后，火气更大。她冲父母大声吼着："你们懂什么啊？我看的都是名家作品！这有利于我学习！什么都不懂，你们最好别管我！"

父母没想到张冉冉竟然这么不尊重自己，情急之下更加严厉地责备起张冉冉来。然而张冉冉呼哧呼哧地喘着粗气，不屑地看了父母一眼，摔门就进了自己的房间。

张冉冉知道，父母担心的是她会看不健康的书。于是她特意拿着言情小说，故意让父母看到，在他们面前扬长而过。看到当时父母或者无可奈何或者强忍怒气的样子，张冉冉总是觉得内心充满了报复后的快感，但是回到自己的房间之后，她又觉得挺失落的。

陈翔，是一名初二的学生，在班里担任中队长。陈翔以前是比较乖巧听话的孩子，学习成绩也一直不错。可是，最近妈妈发现陈翔"越来越不听话了，"主意多得很，经常像故意跟父母"对着干"似的，而且越来越倔强，不肯认错和服输。

曾经有一件事情令父母伤心不已：陈翔的一位同学过生日，准备邀请几个同学一起到"肯德基"庆贺一番。陈翔的爸爸、妈妈心里不太愿意儿子跟那几位同学交往，认为那几位同学不求上进，而且是学校里知名的"小混混"，吸烟喝酒，染发烫发，不务正业。所以爸爸妈妈坚决不愿意儿子总是跟他们混一起，生怕把孩子带坏了。陈翔则认为妈妈对同学有偏见，说爸爸妈妈"老土"，坚持要去参加同学的生日聚会。爸爸、妈妈见儿子不听劝告也很生气，感觉儿子长大了，什么都不听，真是操碎了心。没想到，陈翔竟然说："我就去，我再也不愿意见到你们了，什么事情都要管着我。"陈翔的妈妈看在眼里，急在心里，她不明白平时一贯听话的儿子怎么越来越不听话了。

男孩们，确实，有的父母有时候教育方式不对，会导致自己的叛逆心理越来越重，产生报复心理，就越发的疏远他们。但是我们想想，父母做的一切都是为了自己。如果总是跟他们对着干，跟自己的家人都能如此计较，那我们是不是太累了？所以说，多反思一下自己，站在他人角度考虑一下，克制自己的

脾气，与父母老师多多交流，让他们知道自己的想法，尽早摆脱叛逆心理吧！

1. 我们要明白“理解万岁”

只有懂得了理解，才能更好地沟通，只有沟通才能冰释所有的误会，拉近彼此的距离。学着从积极的意义上去理解大人，父母的啰唆、老师的批评都是善意的，知道他们的出发点是好的，是出于对你的关心。而老师、父母也是人，也有正常人的喜怒哀乐，也会犯错误，也会误解人，我们只要抱着宽容的态度去理解他们，也就不会有逆反心理了。

2. 多多提醒自己

男孩们，我们已经长大了，不是小孩子了，遇到事情不要总是由着自己的性子来，要学会克制自己，多多地提醒自己，虚心接受老师和父母的教育，遇事要尽力克制自己，要知道，退一步海阔天空，突显自己的个性并非是通过与他人的对抗来实现的。能够做到自我约束，懂得做事的分寸，这就是不断成熟的表现。

3. 适应环境，学会调节

男孩们，我们要不断提升自己的心理适应能力，多参加一些集体活动和娱乐活动，在与人交往中不断改善自己，学习他人的优点，展现自己的闪光点，这样才会更好地实现自己的价值，在自己的进步中不断克服逆反心理。

心理悄悄话

男孩们，逆反心理不仅是一种正常心理，也是一种心理问题，有着两面性。积极的逆反心理是一面明镜，如果能加以正确地利用和引导，就能够收到良好的教育效果。但是逆反心理也给家庭教育、学校教育带来了一系列问题，需要很好的解决。男孩不可以对自己听之任之，认识到其危害也是很有必要的。

情绪好坏，看你怎么驾驭

每个人都有自己的情绪，或大或小，或积极或消极，都不例外。在一个人成长的过程中，学会管理自己的情绪对一个人的一生有着非常重要的作用，尤其是处于青春期前后的孩子们，你们现阶段正是培养良好性格的绝佳时期。你们在生活中不仅会有快乐，也会有挫折、后悔、孤单的时候，有些人一旦遭受挫折，感到难过，就习惯用很暴力的方式发泄，冲着人大喊大叫、摔东西、砸墙、暴跳如雷……不但给自己带来麻烦，还会影响自己的人际关系。所以说，远离坏情绪，远离叛逆心理，调整心态，养成良好的性格，对于大家来说都是至关重要的。

丁旭是初二的一名学生，在同学看来，他各方面一直表现得很优秀，而且很会处理同学关系，是一位不错的好朋友。其实，他也像大多数人一样，会生气、会动怒，甚至有时候会气急败坏。但是，大多时候，他都能在这些情绪爆发之前，将它们化解掉。这个化解的方式，就是让自己的思维暂停一下。拿他成长过程中一件真实的事情来说。在他上小学的时候，因为长得比较瘦小，经常会被大个子的同学欺负。有一次，他实在是受不了了，就悄悄拿了家里的菜刀，想要跟他们去拼命。但是，就在他冲出家门，想要给他们一个教训时，他犹豫了，我努力让自己的情绪平稳下来，开始好好考虑后果：我这么做，会得到什么？我可能会因为伤害别人受到学校的通报批评；我可能会因此失学，我的前途将会是一片昏暗，我将不能实现自己成为工程师的梦想……但是，相反，如果我不去找他们拼命，而是用其他方式来化解呢？比如，我可以找老师、找家长，甚至可以避开他们……当丁旭想明白这一点，那些令他不快的情绪也一下子消散不见了，他还要实现自己的梦想，不能因为一时冲动而毁了自己的前程。

是啊，在你无法控制自己情绪的那一刻，在你冲动之前，要把事情的后果想一下，或许你就会想通这件事，控制好自己的情绪了。

从前，有一个脾气很坏的男孩，他的爸爸给了他一袋钉子，告诉他，每次发脾气或者跟人吵架的时候，就在院子的篱笆上钉一根。第一天，男孩钉了37根钉子。后面的几天他学会了控制自己的脾气，每天钉的钉子也逐渐减少了。他发现，控制自己的脾气，实际上比钉钉子要容易得多。终于有一天，他一根钉子都没有钉，他高兴地把这件事告诉了爸爸。爸爸说："从今以后，如果你一天都没有发脾气，就可以在这天拔掉一根钉子。"日子一天一天过去，最后钉子全被拔光了。爸爸带他来到篱笆边上，对他说："儿子，你做得很好，可是看看篱笆上的钉子洞，这些洞永远也不可能恢复了。就像你和一个人吵架，说了些难听的话，你就在他心里留下了一个伤口，像这个钉子洞一样。"

男孩们，或许你没注意到自己的情绪给他人造成了多大的创伤，坏情绪有时候会变成一把刀，插进身边人的身体里，会带来很大的痛苦，伤口也难以愈合。而心灵上的伤口和身体上的伤口是一样的，一旦有了，就很难抹掉。就像故事里的钉子洞那样，永远无法愈合。情绪是可以驾驭的，关键是看你如何去做，听之任之只会毁了你的一生。

1. 发脾气之前冷静几秒钟

几秒钟其实有着很大的意义。冲动与发火大都是因为没有经过细致的思考，极易出口伤人。男孩们，如果你感觉心情不好想发脾气，不妨提醒一下自己，说话之前停一停，让自己想说的话通过大脑分析一下，等于给自己一个重新选择的机会。

2. 告诉自己要冷静

多用鼓励性的言语来暗示自己，保持沉着冷静。比如，参加学校的唱歌比赛，临近上台之前，紧张害怕，这样会自己乱了阵脚。这时候我们要学会自我暗示，在心里鼓励自己是最棒的，保持冷静，正常发挥，这样才能有更出色的表现。

3. 勇于面对才是男子汉

问题总是需要解决的，不要躲避或者无视它的存在。没有过不去的坎，除非你自己宁愿消沉下去，做一个失败者。比如，你期中考试没有取得理想

的成绩，情绪不好，一直闷闷不乐。一味地消沉只会让你的期末考试受影响，这时应该做的就是勇敢面对失败，找出原因，不断改正，争取在期末考试中取得优异成绩。

心理悄悄话

在生活中难免会遇到不顺心的事，如果不能宽容待之，一时情绪激动，甚至暴跳如雷，大发脾气，会严重危害自身健康。动辄生气的人很难健康长寿，甚至很多人是“气死的”。为了自身的健康，男孩要学会克制、幽默、宽容等，这些消气艺术都是很有必要的。

第05章　拿出勇气
——做一个心向阳光、所向披靡的勇士

“留得英雄豪气在，哪怕坎坷路不平？”勇气彰显着一个人的刚毅与坚韧，有勇气才会更有力量去突破未知的难关。男孩们，有时候看似无法战胜的困难，其实就是一扇虚掩的门，没什么大不了的，只不过它考验着一个人的胆量到底如何。有勇气的男孩会主动为自己的过失买单，有勇气的男孩会有一种敢于挑战的野心，男孩们，不要怕，相信自己一定是一个心向阳光、所向披靡的勇士。

敢于说不，也是一门艺术

男孩们，是否遇到过这种情况：很多时候，面对他人请求自己去做一些违背自己原则的事情却不懂得怎么拒绝，不敢说“不”，也说不出口，总是觉得不好意思，一次次勉强自己去做一些不喜欢的事情，最终感觉自己好像成了街角的垃圾桶。其实，很多人都遇到过类似事情，或因为自己的虚荣心，或因为面子过不去，这时候我们最需要的就是勇敢，勇敢地说一声“不”。

肖潇是个不懂得拒绝的孩子，在肖潇看来，要开口对别人说“不”实在是太难为情了。于是，每次同学有麻烦都喜欢找他：“嘿，肖潇，把数学作业借我抄抄！”

“我……”

“哎呀快点，老师要来了！”

其实肖潇想说的是你还是自己做吧，我不借你。可同学一催促，肖潇还是

把作业借出去了。这天回到家，爸爸了解情况后给肖潇讲了自己年轻时候的一件事情：“当时我刚参加工作不久，我的伯父来看我，我陪着伯父转了转这个小城，到了吃饭的时间。当时我身上只有65块钱，本来想找个小餐馆随便吃一点，可没想到伯父他却偏偏进了一家很高档的餐厅。爸爸没办法，只得硬着头皮随他走了进去。我们坐下之后开始点菜。当伯父征询我的意见时，我只是含混地说：‘随便，随便。’其实，我心里当时七上八下的，只怕带的钱不够。可是伯父似乎没有注意到我的不安，他不停地夸赞着可口的饭菜。结账的时刻终于来了，侍者拿来了账单，径直向我走来。我看到账单之后，很窘迫地低下了头。伯父笑着接过账单，把钱递给了侍者。然后对我说：‘我一直在等你说不，可你为什么不说呢？要知道，有些时候一定要勇敢地把这个字说出来，这是最好的选择，我来这里，就是想让你知道这个道理。’”

经过爸爸耐心地讲解和分析，肖潇终于想明白了事态的严重性，爸爸教育肖潇的这一课对所有的孩子都很重要：在该说“不”的时候要勇敢地把“不”说出来，否则就将陷入被动的境地。

楼下的一个小伙子叫张宇，跟丽丽是老乡，这天他发信息说要去丽丽那里借她的那一套故事书看一看，这套书是丽丽生日那天别人送给她的礼物，而且一直非常喜欢，虽然看了好多遍，但是仍保存得非常完好。因为知道张宇平时很马虎，而且并不是有心看书的人，丽丽本想拒绝，最后却没说出口，结果张宇把书送回来时果然少了一册，丽丽怪他不是，不怪他也不是。最终丽丽只好怪自己。

面对他人的要求，自己不愿意去做可是又放不下面子来，这可真是让丽丽觉得难为情。纵然自己一千个不愿意，可还是答应要给人家，那就只好打掉牙往肚子里咽了。很多人事后往往后悔：“不答应就好了，也不会搞得这么累！还费力不讨好！”“当初实在应该拒绝的，可就是说不出口！”如果不会拒绝，只会一味地接受，就会给他人留下“好说话”的印象，你就被人生擒活捉了，今天你接受了对方无理的要求，来日你便拒绝不了其他的要求。

其实我们应该明白一个道理，拒绝不是代表着你人品有问题，也并不是你待人冷漠无情。如果为了你的不敢面对，总是难为自己，做一些不喜欢的事情，那么你的内心也是非常压抑。

1. 坦白你的真实情况

谁都有难为情的时候，人人都会有不得已的苦衷，如果你好好坦诚地跟对方讲明白，相信对方会理解你的。坦诚相待而伤害交情的并不多，倒是有的人说话含含糊糊，模棱两可，反而容易引起别人的误会，造成彼此关系的破裂。

2. 不要拖延，让他人误会

为了不伤害别人，我们最好及早地去告知别人你的态度。否则，你一直给他人希望，不明确表态，对别人伤害更大。要据实向对方表明你的态度，好让对方有所准备，去另作安排。

心理悄悄话

拒绝是一门艺术，我们不仅要懂得坚守自己的原则，不要被不喜欢的事情勉强，还要懂得怎么去拒绝，说出的话不会伤到他人，男孩能做到这一点，就代表着自己不断走向成熟了。

有时困难只是一只纸老虎

困难都会过去，过不去的只是你的内心。

男孩们，其实从生活中我们可以看到这样的现象，面对困难有的人被彻底击垮，一蹶不振，而有的人却能汲取教训，重新来过。是啊，对于一个没有勇气的人来说，困难是无法到达的彼岸，是无法攀登的高峰；对于一个勇气可嘉的人来说，困难只是暂时的磨炼，是对自己最好的证明。在人的一生之中，难免会遇到或多或少的阻力和困难。有些人稍微遇到点困难和麻烦，就不断地抱

怨，感到沮丧，摇头说：“我不行，我解决不了。”对他们而言，只要是有困难的事情就是办不到的。他们习惯高估困难，从而给自己的无能盖上一块遮羞布，为自己的懒惰搭上一张温床。而所有那些把困难垒高的人，无一例外地都把自己划分到了失败者的行列中。其实，男孩们，很多时候人们总是去夸大困难的程度，本来简简单单就可以突破的事情，人们总是在内心假想出脱离实际的恐惧。世上无难事只怕有心人，困难只是一只纸老虎，你怕它，它就会凶猛，你不怕它，仅一指就可捅破。

如果一生面临无数次的打击与失败，你会怎么做？是坚持还是放弃呢？或许从林肯身上你能学到很多很多。1832 年林肯失业了，此刻的他可以说是生活非常困难，随后他打算好将来要走从政的道路，可是在竞选的过程中他还是失败了。短短一年的时间，面临的是双重打击，或许对于谁来说都是非常难以接受的。没过多久他想要开始自己创业，创办自己的一家公司，可是，他的创业之路也没坚持一年就以失败而告终。接下来的一二十年里他还是不断地在经历着失败，经济困难的他到处奔波，可以说是体味到所有的人间苦楚。此间，他再一次决定竞选州议员，这次他终于成功了。他认为自己的生活可能有了转机，可就在离结婚还差几个月的时候，未婚妻不幸去世。他心力憔悴，卧床不起，患上了严重的神经衰弱症。1838 年，他觉得身体稍稍好转时，又决定竞选州议会长，可他失败了；1843 年，他又参加竞选美国国会议员，但这次仍然没有成功……

男孩们，面临如此多的波折，有谁还能去坚持，去实现梦想呢？失败了，他继续；痛苦了，他坚持。开公司，公司倒闭；参加竞选，一次次失败；准备结婚，未婚妻去世……似乎一切总是要跟他过不去。所谓天将降大任于斯人也，1846 年，他终于成功了，他在一次竞选中成功了。在以后的日子里，他仍在失败中奋起，一次又一次地努力，最后，1860 年，他当选为美国总统。林肯一直没有放弃自己的追求，一直在做自己生活的主宰，他用不败的精神迎来了成功。他以自己的经历告诉我们：成功不是运气和才能的问题，关键在于适当的准备和不屈不挠的决心。面对困难，不要退却，不要逃避。林肯压根就没有想过要放弃努力。他不愿放弃，也从不言败。

男孩们，林肯总统面临如此大的波折都能一路走过来，取得人生的新辉煌，我们那一点磕磕碰碰与之相比又算得了什么呢？只是一些看着害怕的纸老虎罢了，轻轻一戳就可捅破。是啊，看似无法战胜的困难，有时就是一扇虚掩的门，只要我们有勇气，有毅力，就没有过不去的火焰山。

1. 要有勇有谋

勇气是需要不断锻炼的，多去尝试一些自己不敢做的事情（这里不包括那些危害身心健康的事），敢于突破自己。智慧非一日可得，需要男孩日积月累，多学习身边有经验的人处理问题的方法，多去看书增加自己的知识量。

2. 坚持才能胜利

半途而废的人是做不成什么大事的，有自己的理想就要付诸行动，不断坚持才能取得成功。如果一点点的困难就放弃了，那么到最后将会一无所获。

心理悄悄话

在生活中，每个人都会遇到各种各样的难关。此时，我们只有两种选择：要么逃避，要么咬紧牙关挺过去。显然，任何人都应该作第二种选择。因为，只有挺过去，才能为自己赢得机会——重生的机会！

敢于承担责任才是真正的男子汉

我们知道，一个有道德的人是会做到为自己行为负责的，如果事事逃避，那么这个人也得不到他人的尊重。每个人生活在这个世界上都被赋予着一定的使命，因此，我们对人、对事要秉持一种高度负责的态度。不要放过自己的过失，勇敢一点，懂得为自己的行为买单。男孩们，在学习生活中我们要胸怀责任心，

敢于承担重任，遇事不退缩，勇敢向前，做一个有担当、有信仰的男子汉！

爸爸正在家里修理电视机，突然听到外面有孩子哭哭嚷嚷地进了院子，没想到是儿子丁丁。没有等到晚上放学，丁丁就哭着回到了家，送他回来的是学校里的一个伯伯。丁丁的爸爸问学校里的伯伯，这到底是怎么一回事？

伯伯就坐在院子里跟丁丁的爸爸讲述事情的经过。他说，放学前小朋友们排队，可丁丁根本就不好好站，总是窜来窜去的，结果不知怎么，和一个同学起了冲突。老师批评了丁丁几句，他就开始哇哇地哭个不停，还跟老师嚷嚷：“我没错！我没有打他！”

听完事情的经过之后，爸爸向伯伯道了谢，然后拉着丁丁进了门。“怎么回事？”爸爸看着两眼哭得红红的丁丁问道。

“我不小心和强强撞了一下，结果强强就使劲儿地推我，我踢了他一脚，强强哭了，老师就批评我。”丁丁脸上挂着两行泪珠，补充说道：“是他先推我的！”

丁丁一股脑地埋怨强强的错，埋怨老师的错，等他说完之后，爸爸让他先静下来，语气平和地问丁丁：“难道你一点责任都没有吗？”

“没有！不是我的错！是强强先推我的！”

看来丁丁还是不肯承认自己的过失，爸爸随后就问：“好，现在我问你，如果你好好按照老师的要求排队，不乱跑，你能不小心撞到别人吗？你没有撞到强强，强强会推你吗？”这时候，听完爸爸的话，丁丁默不作声了。

爸爸感觉到丁丁有意识承认自己的错误，开始反思自己了，于是，爸爸就教育丁丁：“现在你再仔细想想，你一点责任都没有吗？你是男子汉，记住，不要把什么责任都推到别人的身上！遇事仔细想一想，为什么别人会这样对你，你是不是做了什么不对的事情。”

爸爸最后对丁丁说了一句话：“你得学会对自己的行为负责！知道你应该怎么做了吗？”

丁丁用力地点了点头，说了一句：“爸爸，我知道错了，这件事也有我很大的一部分原因，我会跟老师和强强承认自己错误的，学会为自己的过错负责，并且会跟他们道歉的。”

听完丁丁的话，爸爸欣慰地笑了。

男孩们，不要以为现在还小，把自己的过失看的无所谓，否则，等到酿成大错的时候你就会追悔莫及。

1. 敢于从自身找原因

一个勇敢的男子汉，要敢于正视自己的错误，那样才是真正的男子汉。不要总是推来推去，埋怨别人，试想一下，自己真的没有一点错吗？男孩们，生活中不免有一些小摩擦，如果我们真的错了，那就勇于正视自己吧，推及他人，伤害友谊，也会造成别人对自己不负责任的反感。

2. 培养自身的责任感

男孩们，我们都已经长大了，所以不要事事依赖父母，要有责任意识。平日里多帮家里做些家务，在学校努力学习，遇到事情不要退缩，多想想解决的办法，这样一点一滴培养自己的责任意识。

心理悄悄话

如今独生子女比较多，各方面条件都受到最好的优待，往往会养成任性、自私、不合群等不良行为，很多事情都要由父母包办代替。其实，男孩们应该去做一些力所能及的事情，在这过程中，自然而然就会树立起一种责任意识，促进自己责任心的发展及养成良好的习惯。

大胆一点，敢于尝试新事物

在学生时代，陈娇和张敏是宿舍里的好朋友，都喜欢网球，但是由于各自性格差异，所以呈现出了不同的发展水平。陈娇的网球打得不好，所以总是害

怕输，而且容易紧张，在球场上不敢与人对垒。有一次她跟室友一起打着玩，后来球场上去了很多同学都在周围观战，一时间多了这么多的观众，陈娇当场就乱了阵脚，不知如何是好，最后打得乱七八糟，满脸通红，总以为周围的人在笑话她，所以她一直不敢突破自己，只是偶尔人少的时候去玩几次，至今她的网球技术仍然很蹩脚；张敏的网球打得很差，但是她从不觉得有什么丢人的，她觉得不会就要多多练习，这样才会取得进步，有时候她招呼陈娇去打球，陈娇不去，她就去场地上跟其他班级的同学一起练习。她从不怕被人打下场，刚开始的时候总是出现错误，打得很差，惹得周围一片笑声，但是她也是一笑带过，越输球越打，然后还经常和那些有经验的学长请教技巧，平日里也喜欢去观看他们的比赛，后来经过自己的不断努力和学习，她终于成了令人羡慕的网球手，成了大学网球代表队队员。

我们在学习中何尝没遇到过这样的问题呢？很多同学面临喜欢的东西或者新鲜的事物不敢去尝试，没有勇气，总是表现得非常怯懦，最后什么也学不会。另外有的同学在学习上遇到难题，总是害怕开口问老师或同学，因为他们怕出丑，怕被笑话，于是问题越积越多，最后直接就跟不上他人的脚步了。男孩们，我们要记住，并不是每一个人生下来就什么都懂，什么都会，都是在一次次的出丑与失败中练就出来的。所以说，遇到事情，不要害怕，敢于尝试，出丑只是暂时的，之后学到的东西才是一生的财富。

有些人真的是值得我们钦佩和赞美，因为他们不服输也不怕输，勇敢地面对自己的不足。哪怕是自己在大众面前丢了脸面，他们仍然非常洒脱并一笑置之。就有这么一类人，他们还没学会反手球和正手球，就勇敢地走上网球场；他们还没学会基本舞步，就走下舞池寻找舞伴；他们甚至没有学会屈膝或控制滑板，就站上了滑道。勇敢和努力，会让你收获更多。

还有一个故事也是讲述的这个道理。

曾经有一个敢作敢为的姑娘，她只会说一点点法语，却毅然飞往法国去做一次生意上的旅行。虽然人们曾告诫她：巴黎人对不会讲法语的人是很看不起的。但她坚持在展览馆、在咖啡店、在爱丽舍宫用英语与每个人交谈。当被问到不怕结结巴巴出丑吗？她非常坚定地说：“一点也不。”

因为她发现，当法国人对她使用的虚拟语气大为震惊之状过去后，许多人都为她的“生活之乐”所感染，热情地向她伸出手来，从她对生活的努力态度中得到极大的乐趣。他们为她喝彩，为所有有勇气做一切事情而不怕出丑的人欢呼，这类人还包括那些学习对他们来说并不容易的新学问的人。

男孩们，你此刻是否感觉学到了些什么呢？生活中有些男孩由于不愿成为初学者，就总是拒绝学习新东西。因为强烈的自尊心作怪，他们害怕失败，害怕丢人，所以宁愿闭塞自己的机会，限制自己的乐趣，禁锢自己的生活。想一下，真的没必要，放下自己的心理包袱，勇敢一次吧！

1. 成功不怕尝试的多

“不不不，我可做不到，别让我做这些”“这个怎么可能实现呢，开玩笑吧？”不去尝试，为什么就给自己下了做不到的定义呢？这就是一种消极逃避的心理，它会严重阻碍我们前进的道路。我们都不是完美的人，总有自己做不到的事情，但是只要我们多去尝试，多去学习，我们就能够在挫折和失败中变得更加聪明，更加坚强！

2. 增强学习能力

俗话说“技多不压身”，是的，我们还年轻，多学点东西还是非常有必要的，更何况大家还都提倡“活到老、学到老”呢！男孩们，我们不仅要学好科学文化知识，还要懂得多学点才艺，这样才是一个全面发展的人。

心理悄悄话

由于我们害怕出丑，也许会失去许多生活机会而感到后悔。我们也应该记住法国一句成语：一个从不出丑的人，并不是一个他自己想象的聪明人。大愚若智，积愚成智，生活的哲学就是这样。

我是勇士，不是胆小鬼

男孩们，你是否有以下这些情况：

上课时，老师提问，我不举手，不懂的问题不向老师求教，因为我害怕；

晚上不敢自己在家，总是胡思乱想，因为我害怕；

不敢一个人处理问题，事事都想着依赖爸爸妈妈，因为我害怕；

受到冤枉的时候不敢出声，被人欺负的时候不敢反抗，因为我害怕；

……

不知道类似的事情说中了多少人的心，胆小，让你失去了生活中太多的美好。男孩们，要记住，自己要努力做一名勇士，而不是一个胆小鬼。

赵小军家境比较好，又是家里的独子，所以备受宠爱，可是有一点，他的胆子非常小，生性有点怯懦，再加上爷爷对他事事包办，所以从没吃过苦。上初中、高中的时候，他就感觉到自己的不同，可是仍没有决心改变自己的性格。一直到赵小军上了大学，他发现宿舍里的哥们都是“勇士”，好像就他一个人是“胆小鬼”。张扬独自一个人从遥远的北方来到南方读书；李强在爸妈的强迫之下选择了自己不喜欢的法学专业，上了大学后他自己开始攻读另外一门专业；萧寒更牛，因为家里的条件不是很好，他就自己打工赚钱交学费。有时候赵小军觉得自己除了埋头学习什么都不会，简直是一无是处。于是他决定改变自己胆小的性格，让自己换一种活法。

时间过得真快，到了毕业的季节，这时候家里又托关系给赵小军找了一份比较舒适的工作。其实经过四年的大学生活，小军已经锻炼的不再是原来那么胆小的他了，他拒绝了父母的好意，决心靠自己打拼出一片属于自己的天空。他和宿舍里的两个好哥们打算一起创业，在市里的一个路段开了一个小超市，半年下来，赵小军的小超市已经经营得像模像样，还发展起来了多家连锁店，摇身一变做老板了。

有一年同学聚会，朋友相聚大都聊聊各自发展得如何，是否婚嫁之类的话题。当大家得知当年那个什么事情都不敢尝试的胆小鬼竟然自己做了老板，都感到非常的吃惊。本以为他会毕业之后听从父母的安排稳稳地做个白领，没想到竟然有魄力自己单干做了老板。大家都对他感到非常的敬佩，一起聊着这些年发生的点点滴滴，玩到很晚才纷纷散去。

男孩们，如果赵小军没有走出自己一直的胆小阴影，恐怕现在也不会拥有让很多人都羡慕的成功事业。任何一个人都想过着自己想要的生活，任何人都不想由于自己的胆小让自己后悔莫及。那么如何驱走让我们懊恼的这只“胆小鬼”呢?

①自信是成功的基础，克服胆小怯懦，首先要自信；

②多交朋友，学会与人交往，散发自己的活力；

③锻炼自己的胆量，尝试新鲜的事物；

④多在公共场合练习发言，表现自己。

心理悄悄话

不要因为胆怯让机会白白溜走，我们只能落个“无可奈何花落去”的悲伤心境。要时刻给自己打气，时刻对自己说：我能行，我是最棒的！相信自己的实力，展现自己的优势，挖掘自己的潜力，认准目标，怀着必胜的决心，积极进取。

有勇气，就要付诸行动

生活中，有些人很会规划自己的蓝图，想象着自己的未来多么美好，想象

着事情是多么的美妙，可是他们只是在想，从未付诸行动，所以一切都还是未知，一切终究成了一场梦而已。男孩们，做事情单靠勇气是不够的，还要懂得去付诸实践，这样才能把问题解决掉。越是困难的事情，越需要无所畏惧的勇气去面对、去尝试、去解决。人生中的每一次困难都是对勇气的考验，甚至是不可错过的成功机遇。如果缺少尝试的勇气，就没有任何成功的机会；如果大胆尝试，即使没有成功，也可以为以后的成功积累一些经验。所以说，勇气和行动缺一不可，是我们做事情必须握在手里的两把利剑。

一转眼到了大三，陈小海就要去找单位实习了，可是想一下，自己没有丝毫社会经验，陈小海心里就有点发愁。后来一个偶然的机会，他看到一个自己非常喜欢的工作岗位。那是网上的一则招聘广告，一家规模不小的公司要招几名电脑编程人员，待遇还不错，这非常符合陈小海的要求，心想，如果可以留在这个公司，自己毕业以后就可以在那里继续发展了，此时陈小海满心的高兴。

到了面试当天，陈小海就精心地打扮了一番，高兴地到那家公司去面试。一进公司大门，他就被里面人挤人的场面吓了一跳。他立刻想到自己大学还没有毕业，而且也没有社会经验，一定没什么竞争力，此时他的心里开始打退堂鼓。后来自己想了想，本来自身就是一个在校大学生，既然有勇气来参加，为什么要临阵脱逃呢？就算自己留不下，那以后还是要参加面试的，迟早都要面对，还不如来锻炼锻炼自己，积累点经验也是很好的。定了定神之后，他在一个角落里坐下来等待面试，鼓励自己，无论如何都要发挥出自己最出色的一面，要有勇气面对，也要用行动来证明自己。

看着来面试的人一个个胸有成竹而进，灰心丧气而出，陈小海想：这家公司这么多人应聘，果然是业界里的大公司，要从这么多人里脱颖而出真不是件简单的事情。如果可以得到这个机会，让他拿一半的工资他都愿意。可是怎样才能胜过他人呢？

想了一会儿，陈小海写了一个纸条，凭借着初生牛犊不怕虎的勇气，他将纸条交给了工作人员，并笑着说："不好意思，您能不能帮我把这个纸条交给人事主管呢？这是很重要的信息，麻烦您了。"工作人员看到周围人们紧张的样子，而陈小海则灿烂地笑着，给他留下了深刻的印象。负责招聘的人打开

纸条，看完之后笑了，然后将纸条交给了人事主管，人事主管看完之后也笑了，原来纸条上写着：“您好，我是排在第56位的男生，虽然我大学还没有毕业，但是我有接受公司安排任务的勇气，希望您能将位置留给我，谢谢。”

没想到，公司真的聘用了他，陈小海成为这个公司的一个见习编程人员，而让他胜出的正是他的勇气和敢于行动的决心。

机会是留给有准备的人的，机会也是留给有勇有谋的人的，在际遇面前，如果我们不学会主动出击，那么我们将会与其失之交臂。希望是留给有勇气的人的，想要达成自己的愿望，就要有为了愿望而付出努力的勇气。

男孩们，相信你们此时应该懂得了，我们要做一个有勇有谋的人，我们要做一个用行动来证明自己的人，只有这样我们才能做到思想与行动的统一，收获更大的成功。

1. 理想，让你的脚步更为踏实

每个人都要有自己的理想，这样你前行的路上才会更有动力。理想不分大小，关键的是看你努力的决心。每个人都有自己的理想，但是能否付诸行动呢？男孩们，试想一下，如果你什么都不去坚持付出，那怎么能实现你的梦想呢？所以，作为一个有担当的男子汉，我们面对困难无所畏惧，敢于挑战，为心中的那份理想去努力加油吧！

2. 多读书，有勇有谋

书籍的力量超乎我们的想象。随着时间的推移，书读得多了，就会产生一种量变到质变的现象，书读得多了，才能有比较，才能升华。读书的作用很多，可以开阔视野，可以丰富知识，可以提升修养，可以培养气质，还可以使人进步……男孩们，我们不仅要学习课本知识，还要多去读一些名著经典，这样才会变成一个有勇气有思想的人。

3. 战胜自己就是勇气

人最大的敌人就是自己，这句话还是很有道理的。我们要能够超越自己，战胜自己。在学习中，不仅要学会竞争，还要学会合作，平时多和同学交流探讨，不明白的问题积极请教。自己的不断进步就是挑战成功的一个表现，就是勇气发挥的力量。

心理悄悄话

男孩们，勇气是我们学习道路上乃至人生道路上不可或缺的精神力量。在困难面前挑战是一种勇气；坚持是一种勇气；微笑，更是一种勇气。面对可能使自己沮丧的人或环境，采取积极的态度，那么问题就已经解决了一半。只要付出更大的努力，胜利就会提早来临。

第06章　我最出色
——你不完美，也没有必要变得完美

不相信自己，终究会埋没自己，因为自信是成功的基石。成功往往偏爱那些拒绝接受“不可能”并相信自己能力的人，假如自己都不相信自己，那么我们还指望谁来相信自己呢？男孩们，世界上的男孩有很多，但是你自己却是独一无二的，纵使你不是完美的，但是你却是那个不一样的。只要善于挖掘自己的“宝藏”，相信你一定能创造更多的惊喜。所以说，正视自己，相信自己，让自己发光发热吧！

自信，是成功的基石

一个拥有自信的人，时刻会散发着耀眼的光芒。信心是前进的动力，是成功的基石。很多时候，面临人生困境，打垮自己的，不是别人，而是你自己。你所经历的挫折与失败都是成功之前在所难免的挑战，没有一世的平坦，只有顽强坚守的意志与信心。相信自己，你能行，不要怕，你的信心会让你一路披荆斩棘，不断突破。

时间过得很快，肖志军马上就要参加中考了。班主任老师问他：“你认为自己明年能考上重点高中吗？”此时，肖志军摇了摇头，老师又问他：“为什么呢？你怎么知道自己考不上呢？”他给老师的回答是：“我没有这个能力，因为每次考试我都考不了前10名。”

听到肖志军说的这番话，班主任老师笑了。他摇了摇头对肖志军说：“你真这么想吗？你听过跳蚤的故事吗？跳蚤本来可以跳三尺高，可是它却跳不过

3 寸高的杯子，你知道这是为什么吗？”肖志军感到很困惑，不知道什么原因。这时，老师告诉他：“有科学家曾经做过一个有趣的实验，他们把一只跳蚤放在一只杯子里，然后在杯口放了一块玻璃，这时，跳蚤使劲一跳。结果头重重地碰到了坚硬的玻璃。跳蚤不甘心失败，又跳了一次，可结果还是没有成功，在经过了无数次的碰壁之后，科学家把玻璃拿掉，可是这只跳蚤还是跳不出杯子。这是为什么呢？”肖志军想了想告诉老师：“这只跳蚤由于受了很多次挫折，它已经认定了自己无论如何也无法跳出这个杯子。”

认识到这一点，老师感到非常的高兴。班主任老师说道，“我希望你不要像那只跳蚤一样，受到了一些挫折和失败，就对自己失去了信心。”听完老师的教诲，这时肖志军感到受益良多，要有自信，才有可能突破自己，取得更大的成绩。

生活中有很多人跟那个跳蚤一样，我们又何尝没有这种情况呢？男孩们，很多时候我们并不是因为要完成的任务比较艰难才让自己失去了自信，而是因为我们自身缺乏自信，才让我们失去了把事情做成功的能力罢了。所以说，满怀信心地对自己说一句：“我能行，我是最棒的”，这样你才会发现接下来的你有着无法想象的优秀。

1. 大众面前敢于表现自己

很多男孩很怯场，在公众面前不敢说话，上课也不敢举手发表自己的看法，这是一种不自信的表现。男孩们，我们要学会锻炼自己，这是培养和锻炼自信的重要途径。其实，学习中我们有很多机会可以锻炼自己，比如上课积极回答问题，积极参加校园活动、演讲比赛或娱乐活动等。面对机会，要主动争取，上台锻炼自己，时间久了，就不会害怕当众讲话，那么你的自信就会慢慢地培养起来。

2. 要保持好的心态

心态好，才不会自暴自弃；心态好，才能更永恒的坚守自己的目标。男孩们，我们要保持良好的心态，让行动有个积极的引导者，这样才会做得更加出色。比如期末考试，考得好，我们就要再接再厉，如果失败了，就要乐观向上，不畏惧，争取下一次的成功。

心理悄悄话

生活中走不出自卑的人真的太多了。或者没有信心、或者信心不足、或者过度自轻自贱。自卑就像是一种“病”，束缚着我们的精神意志，让心间弥漫着一层阴云。克服自卑最好的方法就是不断努力，提高自身的能力，所以，只有给自己的信心充电才能有所改观。

你是否是一个行动派

“相信自己，我能做得更好。”这是一种信心与激励，但是你还要懂得去努力付出，所以，有了信心，我们就要付诸行动，这样才能实现自己的目标。

生活中，总能听到这些带给人反感的话，“某某某长得越来越丑了”“这孩子怕生，说话像蚊子似的”“那个孩子怎么那么磨叽，做点事情半天也弄不完，真是急死人了”“这孩子整天都无精打采，一点儿也不活泼”，如此，等等，对于孩子的错误暗示几乎随处可见。很多孩子因为心理的敏感而变得非常难过，觉得自己非常的差劲，从而也和别人一样看不起自己，从而变得越来越消极。其实，男孩们，如果遇到这种情况，就让这些恶语随风而逝吧，没必要太在乎他人的看法，与其与他们生气，还不如通过努力让自己更加优秀，这才是最重要的。

小振今年上初一了，新的环境不仅没给他带来多少快乐感，还让他感到非常的烦闷，因为班里同学总是笑话他是小胖子。小振从小爱吃零食，也比较懒惰，还带有一定的遗传因素，像爸爸一样有些偏胖。妈妈一直鼓励他多多锻炼，可是他总是坚持不下来。面对儿子的烦忧，妈妈也在一直给他寻找办法。

一个星期天，小振的小叔和小婶来家里玩，小叔是小振崇拜的偶像，小叔

长得英勇帅气，这些年一直在上海做生意，可以说是一个成功男士，小振也盼着有一天能成为小叔这样的人。这一天，家里准备了好多好吃的，小叔到来的时候把小振简直乐坏了，时时刻刻在小叔周围询问外面的世界。当谈起自己的学习时，小振把自己的情况一一告诉了小叔，坦言自己的悲观思想。这时，小叔就耐心地给小振讲他年轻时候的故事，小叔说："叔叔小时候跟你一样，也是胖胖的，受到同学的嘲笑。后来叔叔明白了一个道理，你如果什么都不做，那么你永远被人笑话，永远都无法自信地面对生活。所以，只要有时间，叔叔就去锻炼自己，多参加体育活动，注意饮食健康。慢慢地，叔叔也成了帅气阳光的小伙子。从此之后叔叔变得更加有自信，因为你不努力、不行动，你永远不知道自己能做得有多好，永远无法看到最优秀的自己。"

听完叔叔的一番话，小振真的是大彻大悟，终于明白了，一个自信的人必须是一个行动派，不懂得努力改变自己，只会让自己越来越悲观。要以叔叔为榜样，面对现实，改变自己。

陈诚是一个努力的孩子，但是平日里不善言辞，他已经上初二了，学习成绩总是在班级的中游。每次考完试，妈妈就和他唠叨："你看楼上莉莉，又是第一名，你呢？"陈诚非常讨厌妈妈的说法，每次面对妈妈的责骂总是非常难过。最严重的一次他居然连饭都不吃了，跑到自己的房间里哭了起来。

这时，陈诚的爸爸回来了。知道事情的经过后，来到儿子的房间，摸着儿子的头说："怎么了？又没考好？我看看！"爸爸拿起了成绩单说："不错嘛！你看看，你的各科成绩在全班挺靠前的呢，就是语文差了点。"陈诚听了，坐起来看了看成绩单，说："是的，一直都是语文拖了后腿！"爸爸又说："你可以想一下，既然每科你都学得不错，为什么不抓紧时间补补语文呢？这样你的综合成绩上去了，全班的名次就会靠前很多的！"陈诚说："嗯，我一直也想多下点功夫，可就是不知道怎么学好语文，很努力，但是每次成绩都不好。"爸爸这时对儿子说："既然自己感觉没头绪，无从下手，你就应该改改你的性格，活泼一点，多去跟语文成绩好的同学和老师请教，问问他们怎样学好语文，另外，课外多读一些文学著作，增加文学修养，点滴深入，才能取得好的成绩。"说完，陈诚非常开心，感觉是自己太没有自信了，平日里也不敢去跟老师和同学请教，

就算有想法也不去付出行动。认识到这一点，陈诚下定了决心，高兴地跑出去吃饭了。

男孩们，相信自己的能力，坚持自己的付出，你就会成为超乎想象的自己。

1. 一步一个脚印

男孩们，世上无难事只怕有心人，只要你肯一步一步踏实地努力，就没有过不去的坎儿。所以，没有办不成的事。 蜗牛不相信自己的缓慢，一步一个脚印的向自己的目标爬行，终于到达了自己的目的地；蚕蛹不相信坚硬的外壳，每天努力一点，终于获得了破茧重生的光明……在生活中，也许你没有一个好的开始，但只要你一步一个脚印，每天努力一点，你终会获得成功。

2. 做一个勇敢的男子汉

男孩们，我们已经不是父母怀里的小宝宝，我们已经成长为一个男子汉，所以我们要勇敢。遇到问题，不要总想着我不敢，我害怕，要敢于去挑战自己，相信自己可以做到，这样才会有前进的可能。勇敢一点，迈出自己的脚步，突破一个个不可能吧。

心理悄悄话

路在脚下，只要你一步步的前行，才能离目标越来越近，才能看到前方的希望。男孩们，我们不要去夸大问题的难度，缩小自己的能力，这样你将什么都做不到。

你的优点一直在闪光

“天生我才必有用”，每个人来到这个世上都是独一无二的，都有着各自

的优点，所以不论经历什么，都不要自暴自弃，要相信自己。世界上没有两片完全相同的树叶，人也一样，每个人都是上帝的宠儿。正确认识自己，既看到自己的长处，也认识到自己的不足，为自己正确定位，这样才能充满自信地去迎接机遇和挑战，为自己创造更多的成功和欢乐。男孩们，不管你有什么不足，也要活的阳光而洒脱，让自己每天都充满着无限的正能量。

生活中，我们总是忽视一部分人，觉得他们一无是处。或许他们让人觉得调皮烦人，或许他们让人觉得迂腐，或许他们让人觉得笨拙……可是，那是因为人们没看到他们闪光的一面，每个人都有自己的优缺点，不要片面地去看待一个人的全部。

有这样一个故事，相信男孩听了之后会备受启发。有一位英国少年，在人们印象中是一个比较呆傻的孩子，而且行为处事特别的木讷迟钝，同学们总是喜欢拿他开玩笑。上课的时候他也是一刻也不消停，总是把课堂搞得乱哄哄的，因此他的老师们也非常反感他。他的行为举止异于常人，没有人觉得他有什么优点，也没有人看好他，更让人惊讶的是他的父亲也觉得这个孩子有问题，不喜欢他甚至也不愿意理他。

随着年龄的增长，这个少年长大了，步入社会后，这位少年也因为天生的笨拙而无人接纳，极度自卑的他四处碰壁，心情苦闷，每日每夜在屋中自酌。

即便再多的人不喜欢他，觉得他一无是处，可是最爱他的妈妈却是从不愿意放弃他。她将儿子带到花园漫步，指着各种各样的花草说："每种花都有开放的机会，那些还没有开放的，只是未到季节。每个人都有成功的机会，只是时间未到，要慢慢等。但是，花草在绽放最美丽之前，要养足最好的精神，万事俱备，以等待真正属于自己的时刻。所以，你现在也要储蓄足够的能量，那就是学习更多的知识、经历诸多的挫折、积攒更多的智慧。人生中的阅历很重要，静静等待属于自己的时刻来临，自然会绽放出美丽的人生之花。"母亲一直的鼓励和支持让他逐渐有了生活的信心，渐渐地他学会了用新的眼光来看自己，而不是让自己沉浸在他人定义的身份里自卑的活着，他学会找寻自己身上的长处，终于他觉得自己有着非常优秀的表演才能，平时他在学校参加喜剧演出时就取得了很好的效果，曾让大家笑个不停。

终于有一天，一位著名导演很偶然地看到少年的表演，为之捧腹大笑，赞许少年是百年不遇的喜剧天才，有着独特的表演天赋，立即邀请少年和他合作。

男孩们，你们是否猜出了这个少年是谁？这位少年就是艾金森，如今，他的本名已被人淡忘，而世人熟悉的只是那个名叫憨豆先生的人。相信他的表演很多同学都看过，并且对他的演技和能力非常的折服。

男孩们，我们不要总是觉得自己这里不好，那里比不过他人，那是因为你看不到自己的优点，那是因为你不自信。我们要看到自己的缺点，学会反省和改善；我们也要看到自己的优点，不断发扬和完善。

1. 不要过于关注别人的优点

不要总是过于关注他人，否则你将会失去自己的性格。比如某人很漂亮，某人学习能力非常强，某人人际关系非常好……这时就很少看到自己有什么值得夸赞的地方。每每对自己评价之时，常常失去自信心，对自己给予否定，认为自己的存在没有什么价值，实际上，这就是自卑的表现。

2. 多培养自己的兴趣

兴趣爱好多了，自己的能力也会不断的培养起来，自信也会慢慢地建立。在他人面前，你的优点也会更多，这也是你的优势来源。如果你对某些事情特别地痴迷，为了完成它，可以茶饭不思，一头扎进去不完成誓不罢休。那么，在这些方面，你一定能够做得比别人更加优秀，也会吸引更多的关注和喜爱。

心理悄悄话

我们都是不完美的人，人人都有优缺点，所谓“尺有所短，寸有所长”“金无足赤，人无完人”就是说的这个道理。我们不能总是揪着自己的缺点不放，要学会合理定位自己，看到自己闪光的地方，这样才能更自信，更加充满正能量。

缺陷不是你放弃的理由

海伦·凯勒，有着一个传奇的故事，一个曲折的人生，她的经历至今为人赞叹，为人折服，可以说是创造了一个奇迹。她一岁半时突患急性脑充血病，连日的高烧使她昏迷不醒。当她苏醒过来，眼睛烧瞎了，耳朵烧聋了，嘴巴也不会说话了。生命里没有了光明，也没有了声音，这是常人想都不敢想的磨难，然而她却成为了一位伟大的女作家、教育家、慈善家、社会活动家。

生活中，多少人因为自己的缺陷而自卑的抬不起头，多少人因为点滴的困难而痛不欲生。是啊，相对于海伦·凯勒的命运，这又算什么呢？所以，不要夸大自己的悲痛，缺陷不是你放弃的理由，你需要做的就是大力向前迈进。

对于一个多方面残疾的小女孩来说，世界是一片黑暗和寂静。我们可以想象能活着都需要很大的勇气，何况是学习生活呢。但是海伦·凯勒却做到了，她敢于正视自己的缺陷，不放弃自己，一点点的接触事物，感受生命。在海伦·凯勒 7 岁那年，她的父母请来一位受过专门训练的莎莉文老师，这位老师的到来，对海伦·凯勒在以后的生活中摆正自己的位置，正视自己的人生起到了很大的作用。

有一天，莎莉文老师要开始教她学习具体的事物的写法，开始学习“水”这个字。可是无论如何，海伦·凯勒总是分不清“水”和“杯”的区别，弄不明白其间的关系。莎莉文老师觉得确实有困难，于是就带着她到水边，让水流从她的指尖流过，接着就在海伦·凯勒的小手上写下这个“水”字。聪慧的海伦·凯勒牢牢记住了老师传授自己的这个方法，然后面对自己失明和失聪的现状，认真去摸索自己学习的方法和与他人交流的方式。

莎莉文老师觉得，心里能知道字是怎么写的，可是不懂得说又怎么能行呢，这样怎么沟通呢？从小失聪又失明的海伦·凯勒，一来听不见别人说话的声音，二来看不见别人说话的口型，所以，尽管她不是不能说话的哑巴，却也没办法

说话。为了解决这一现状，莎莉文老师替海伦·凯勒找了一位专家，教导她利用双手去感受别人说话时嘴型的变化以及鼻腔吸气、吐气的不同，来帮助学习发音。我们可以想象，这是一项多么艰巨的任务啊，无论对谁来说，都是非常困难的，甚至是不敢相信的事情。可是，海伦·凯勒努力摆正自己的心态，克服了在旁人眼中不可逾越的困难。终于，她做到了，经过摆正自己当前的位置，正视自身缺陷的海伦·凯勒成功了。

海伦·凯勒的励志故事可以说给当时及后来的人们带来了很大的鼓舞与动力。海伦·凯勒，除了突破官能障碍学会说话，更奉献了自己的一生，四处为残障人士演讲，鼓励他们肯定自己，立志做一个残而不废的人。

男孩们，在你否定自己的时候，你应该想想，多少人在羡慕着你拥有的一切啊！不论是学习还是生活，我们都要保持好的心态，摆正自己的位置，这样才会彰显出人格的可贵和生命的华美。

1. 既然无法改变，不如欣然接受

很多事情我们真的没法改变，但是一味地去哭泣自己的“伤疤”又有什么用呢？所以开朗一点，既然无法改变，不如欣然接受吧！一代乐圣面对自己的失聪，不也是敢于扼住命运的咽喉吗？不要怕，人无完人，只要努力，你一定在其他方面绽放更多的笑容。

2. 越挫越勇

“我为什么要被挫折打败？那都是胆小鬼的行为！”男孩们，我们要有这样的魄力，才能冲破道道难关！要有越挫越勇的勇气，才能锻造自己坚强的个性。一次考试失败，不代表次次失败，因为我要汲取教训，争取下次的突破；一点缺陷算什么，不代表我别无他长，因为我会完善自己，光芒自会遮蔽瑕疵。勇敢一点，你就是最棒的。

心理悄悄话

放弃是一个念头，而永不放弃是一种信念、一种精神。现实生活中我们往往会自觉不自觉地选择前者，因此，我们极易成为普通的没有一点棱角的人，

而有些人却坚定得近乎倔强地选择了后者，这种人虽是少数，但他们却往往能赢得大多数人的掌声。

男孩要尽快走出自卑

有时候很多人总是喜欢多想，因为自己某一方面有缺陷或者某一方面不如他人就感觉非常的丢人，觉得人人都在笑他，于是自卑的心理越来越严重，不愿与人打交道，也不想在公共场合里出现，最后把自己变成了一个沉重的、孤独的人。其实，我们应该明白，我们并不是他人，所以没理由将自己的想法强加到别人身上，只是自己在折磨自己而已。所以，事情没有你想的那么糟糕，尽快走出自卑，才能看到生活中更多的阳光和欢乐。

曾经高年级有一个小男孩浩浩，学习很不错，但是有一点就是他很孤僻，总是把自己封锁在教室的一角而不肯融入班级。下课时，他又总是最后一个离开教室。后来大家才知道，他的腿因为得了小儿麻痹症而落下了残疾，因此，他有一种自卑感，不愿意让人看到他走路的姿势。所以，他也一直不与同学交往。

有一次班级举办小故事演讲活动，同学们要轮流踏上讲台进行演讲，看着一个个同学在讲台上那么出色的表现，浩浩低着头，心里有着说不出的难过。终于还是轮到自己了，这时候全班四十多双眼睛一齐投向那个角落，浩浩还是没敢抬头。犹豫了好一会儿后，浩浩才慢吞吞地站了起来。大家注意到，浩浩的眼圈儿红了。在全班同学的注视下，他终于一摇一摆地走上讲台。就在他站上讲台面对大家的时候，有一位同学为他鼓掌，紧接着全班响起了热烈的掌声，掌声中传达着全班人的鼓励、尊重、友爱。那一刻大家看到浩浩的眼里含着感动的泪水。

掌声过后，浩浩冷静地面对大家，开始进行自己的演讲。他生动地为大家

讲述着自己的童年故事，此刻的他摆脱了自卑，也没有了胆怯，声音中含着一种坚定和信心，故事感人，同学们认识到了这个平日里孤单的小男孩所具有的另外一面。当他结束演讲的时候，班里又响起一阵掌声。浩浩很礼貌地向演讲老师深鞠一躬，又向同学们深鞠一躬，然后，在掌声里一摇一摆地走下了讲台。

出乎大家的预料，从那次演讲以后，浩浩就像变了一个人似的。他不再那么忧郁了，他和同学们一块游戏、说笑，甚至有一次他还走进了学校的小舞厅，让同学们教他跳舞。他的学习一直很好，尤其是数学和物理。高二那一年，他代表学校参加了全国奥林匹克物理竞赛，还得了奖。

美好的高中生涯转眼间就要画上一个大大的句号。浩浩被北京的一所大学破格录取。后来，他来信给学校说："我永远不会忘记那一次掌声，因为它使我明白，同学们并没有歧视我，我应该鼓起勇气微笑着面对生活。那次掌声给了我第二次生命……"

男孩们，自卑的泥坑终将会让你越陷越深，只有你自己才能解救自己。自卑是你为自己设置的障碍，战胜自卑就靠你不断地磨炼心态，超越自我。不要把自卑看成是无法治愈的绝症，也不要对这种心理听之任之，合理的调节自己的心态，会让你早日走出自卑的陷阱。心理学家认为，自卑的人不仅要正确认识自己各方面的特长，而且要正确看待自己的自卑心理。

1. 言语中少一点丧气话

过于消极的话会打击人的积极性，可以说是一种消极的暗示心理，说的过多，无形中会加剧人们的心理负担，导致悲观心理的产生。因此，即使在生活、学习不顺利的时候，也尽量不要让消极话语脱口而出，对自己进行否定，甚至进行全面否定。如"我觉得我是不可能完成的""我就是一个没大出息的普通人""不管怎么样，我肯定是做不好的""看来不管怎么努力，我也没什么资本与他们较量""我就这点本事了，失败就失败吧"等。这些话都是一些全面否定自己的话，一旦开口，极有可能使得本来可以做好的事，也做不好了。

2. 客观看待事物

事情都有两面性，这一点大家都应该明白的。但是不同心理的人看到的却

极不相同。自卑的人总是过多地看重自己不利和消极的一面，而看不到有利、积极的一面，缺乏客观全面地分析事物的能力和信心。所以说，在你总是想到消极一面的时候，你静心思考一下，这件事好的方面在哪里，找到积极的因素会对你的情绪调节有很大的帮助。

心理悄悄话

男孩们，自己看得起自己，他人才会看得起你，否则，自己都不自信，还能指望谁高看你呢？能不能从良好的人际关系中得到激励，关键还在自己。要有意识地在与周围人的交往中学习别人的长处，发挥自己的优点，多从群体活动中培养自己的能力，这样可预防因孤陋寡闻而产生的畏缩躲闪的自卑感。

有信心，才会有希望

凯文六年来的时间都在经营自己的家具生意，自己做点小买卖，生活还算过的充实，经济水平算是一般吧，可是有一点不太满意的就是他的太太感觉手头并不是很充裕，因为很多时候面临昂贵的衣服或东西都舍不得买，而且她还盼望着能搬进一所大点的房子。一直以来，凯文觉得这一点有点对不住自己的太太，希望哪天能满足她的要求。

可是没想到的是，六年的时光过去了，凯文果真住进了自己的新家，一所太太喜欢的大房子，而且他的太太再也不用为买东西时资金短缺而发愁了。此外，凯文一年中经常出去度假游玩，生活可谓是多姿多彩。看着眼前美好的生活，凯文不禁感叹道："我们能够拥有现在的一切，多亏了六年前我利用了信心的力量！"这到底是怎么回事呢？

事情是这样的，早在六年前凯文听一个朋友说在他们那边有个农具经营的工作，凯文想着要赚大钱不能总是这样不敢放手去尝试，于是他决定去一趟。当凯文到达那里的时候，是星期天，而他与那位农具老板洽谈的时间是星期一。晚上，凯文住进了一家旅馆，在那里静静地思考，他将这些年自己认识的，远远超过自己的朋友写在了一张信笺上，默默地想：他们并不比自己聪明，也没有自己的学历高，在为人处世方面也不如自己，可是为什么那些人成功了，而自己却过得如此颓丧呢？最后,凯文终于想到了成功的另外一个因素——自信。这也是他认为自己唯一比不上那些人的地方，凯文反思了很久，从小到大，他都对自己不自信。这一点不仅影响了他的学业与工作，还让他的人生与成功遥遥无期？想到这里，凯文长长地叹了一口气，决定彻底地改变自己，让自己变得更加自信。

周一早上，他充满斗志地肯定了自己的想法，希望用这次机会来锻炼自己的自信心。经过一晚上的分析，凯文改变了自己的预期工资，决定提升到比原先高出两倍的工资水平。谁也没有想到，这次洽谈居然异常的成功。自此，凯文终于明白了自信的强大力量，一个有着自信心的人，他所突破的是自己万万想不到的高度。所以，有信心，才会有希望。

男孩们，一个消极悲观的你和一个信心饱满的你，决定做哪一个呢？相信大家都选择后者。因为，信心会给我们带来无限的潜力和能量。

1. 你的未来靠你来改变

有没有信心把自己的人生活的更出色？每个人的出生无法由自己决定，可是每个人的命运都掌握在自己手中，想要获得成功，就要有勇气去改变自己的命运。

2. 你是否看到了自己身上的财富

不要羡慕别人，也不要嫉妒别人，因为你自己身上也有很多令人羡慕的财富。有一句话说得很好：“一个人因为少了一双鞋子而闷闷不乐，那是因为他没有看见那些少了两条腿的人。”所以，发现你自己的财富，就能拥有更大的信心。

心理悄悄话

无论是顺境还是逆境，无论是昨天还是今天，我们都离不开信心的支持。沉住气，在信心中坚持、进取，只要你能历经考验，坚持到底，终有一天，你能走出困境，为自己赢来柳暗花明的局面。

第 07 章　能力考验
——有时候，男孩必须对自己狠一点

努力有多少，你的人生舞台就有多大。男孩们，不想经历风雨，就不要期望看到彩虹，没有付出，谈何收获呢？我们现在已经长大了，如果还是想着坐享其成、不劳而获，那么终将会输得一败涂地。世界上没有比脚更长的路，让我们努力加油，让身体和思想行走在路上吧！

经得起考验，才能更好地成长

有句话说得好，“不经历风雨，怎能见彩虹”。是啊，哪有人能随随便便就成功。多少辉煌的背后是数不尽的汗水与泪水，是一次次的磨炼与承受……只不过我们看到的只是他们辉煌的一面罢了。所以说，不想经历生活的风风雨雨，就不要期望着看到美丽的彩虹，有付出才会有回报。

老鹰在鸟类中是寿命最长的，它能活到 70 岁，人们往往看到的是它搏击长空的自由与“飞行之王”的美誉，可是它在 40 岁时为重生做出的牺牲却更让人敬佩。

在它们 40 岁的时候，身体就会出现变化，爪子开始老化，无法有效地抓住猎物。它的喙变得又长又弯，几乎碰到胸膛。它的翅膀变得十分沉重，因为它的羽毛长得又浓又厚，使得飞翔十分吃力。

对于老鹰来说，没别的选择，要么死，要么经受这极端的重生过程。

五个月的历练过程并不是那么的简单。它们要坚持飞到山顶，在悬崖上筑巢，停留在那里，不得飞翔。

首先，老鹰要用喙去碰击石块，一次，两次，三次……直至全部脱落掉。慢慢地期待着哪一天长出新的喙。随后，它会用新长出的喙把指甲一根一根地拔出来。当新的指甲长出来后，它们便把羽毛一根一根地拔掉。150天终于过去了，它们长出了新的羽毛，它们终于可以重新飞翔，开启人生中新的30年。

男孩们，谁想笑到最后、笑得最甜，谁就要经得起考验，受得了痛苦。那么，最后的成功才是具有决定意义的成功。其实，到最后你会发现起初的成就和痛苦只不过都是为后来而设的奠基石。

残奥会上的竞技场面可以说是能够让人深深地感受到什么叫做敬畏生命，让人明白什么是身残志坚。每一场比赛，都能让人模糊双眼，他们的那种励志，那种精神是我们每一个人都应该学习与尊重的。1970年出生于上海的黄文涛就是其中的一位优秀代表。他刚生下来就双目失明。他从小离开父母的怀抱，去上盲校，养成了自己照顾自己的习惯，懂得了自立、自尊、自信、自强。1985年，黄文涛加入了盲童学校田径队，开始了他的体育生涯。他主要学习的是短跑和跳远，其实我们应该能体会到，对于残疾人来说这些是多么的艰难。当时使用的还是非常落后的助跑器，踏脚板用一根细长的铁钉支着。在一次训练中，出了意外，铁钉斜伸出来，一个正常人就可以很轻易地看出来，但他却什么也看不见。一脚踏上去，一股钻心的疼痛从脚底而起，疼得他一下昏了过去。原来铁钉穿过了跑鞋底和他的脚掌，又从鞋面穿了出来。先天造成的遗憾注定着他们要付出比常人更多的代价，遭受更多的疼痛。对于教练的指导，他是看不到的，他只能用一次次的分析，一次次的研究，一次次的尝试来完善自己。这期间一次次的跌倒与爬起，只为了能够有朝一日战胜自己，取得成就，为国争光。终于在1992年巴塞罗那残奥会上，黄文涛沉着冷静的超水平发挥，以3厘米的优势打败了西班牙的胡安，赢得了冠军。当他站在领奖台上，聆听庄严的国歌奏响的时候，心中充满了自豪感。

男孩们，请记住：要想成就更好的自己，就需要对自己狠一点，不怕苦不怕累。

1. 男人就要对自己狠一点

我们是小小男子汉，很多时候我们都是对自己太好，不舍得让自己吃苦，

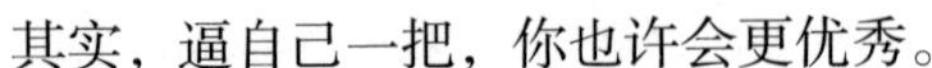

其实，逼自己一把，你也许会更优秀。

2. 男孩要做到越挫越勇

不要被一些小的问题打败，不要服输，越是困难才更能够看出我们有多大本事。不管困难大小，都是对自己能力的一种锻炼。男孩们，相信自己，一定可以。

心理悄悄话

冰心说过这样一句话："成功的花，人们只惊羡她现时的明艳。然而当初她的芽儿，浸透了奋斗的泪泉，洒遍了牺牲的血雨。"男孩们，希望这句话能够激励你们继续努力！

你凭什么只懂享受，不付出

下面这个案例相信在生活中非常普遍：

周末的时候，13 岁的陈翔要求妈妈去给他买运动鞋。可是一圈下来，妈妈带他逛了好几个专卖店，都没有找到一双喜欢的鞋子。妈妈有些诧异，就问陈翔，到底想要什么样的。陈翔说："妈，其实我自己相中了一双 Adidas 运动鞋，我很早就想要了……"

其实陈翔家并不是多么富足，只是这个年纪很多小孩喜欢攀比。可是妈妈说："那个牌子太贵了，给你买双便宜的好不好？"

"妈，我超级喜欢 Adidas 的鞋，您就答应我吧，您就我一个儿子，您的钱不给我花给谁呀。"陈翔用渴望的眼神望着妈妈。

拗不过儿子，妈妈只好给陈翔买了一双 Adidas 的鞋。看着这上千元的鞋，妈妈禁不住说："儿子，知不知道这个社会上还有很多人一个月的工资还买不

到一双鞋么？你为什么觉得花妈妈的钱这么理所当然呢？”

现在生活条件好了，好多男孩养成了这种坐享其成的习惯，不劳动，还觉得钱来得很容易一样，把父母当成了自动提款机。男孩要清楚，坐享其成是一件耻辱的事。

我们眼中的居里夫人是一个伟大的科学家，其实她身为人母的伟大只是很少有人知道罢了。她教育孩子的宗旨是:“热爱事业，不求享乐，有独立的能力。”有好几次机会她可以让孩子们得到一大笔财产，然而她不肯那样做，她认为孩子们将来必须自谋生活。

曾经居里夫人在美国的赠送仪式上收到了一大批的礼品，全部属于她一人所有，可是她却说了这样一段话：“这个得修改，美国赠给我的镭必须归科学所有。只要我在世，无疑我将只用于科学研究。但是，如果我们照目前的这个文件办，在我死后，那克镭就会成为个人继承财产，成为我孩子们的财产。我绝不能那样做。我想把它作为礼物赠送给我的实验室。”

是的，如果你只是一味地想不劳而获，那么你终究会一败涂地。居里夫人从不想看到自己的孩子坐享其成，享受她的成就下带来的奢侈生活。居里夫人非常注意女儿身体的健康，每天功课一做完她就带两个孩子到外面去，不论天气如何，她们总要步行很长的路，并做各项体育活动锻炼身体。她还在花园里装置了一个秋千，让孩子们运动。为使孩子具有工作能力，她还特别注意让孩子的手受到灵巧性锻炼，她让她们学园艺、学雕塑、学烹调和缝纫。在意志品质上居里夫人也下了一番功夫。当时她的大女儿刚刚会站立走路，她就带着女儿去河里洗澡玩耍，刚开始女儿还是很恐惧的，毕竟那么小，可是没几次就锻炼得非常喜欢玩水了。居里夫人经常鼓励孩子们要大胆。虽然丈夫死于车祸，但她仍旧放手让孩子从很小就开始单独出门。这样的锻炼，使孩子们得到了应付任何艰苦生活的考验能力。

男孩们，坐享其成，不懂得努力付出自己的劳动，这是一件可耻的事情，希望我们能够说服自己。

1. 不要总是苛求父母

男孩们，我们要懂得理解父母，不要总是苛求他们为我们做这做那，我们已经长大了，要懂得去多帮助他们，缓解他们的压力和负担。

2. 钱来得并不容易

父母为我们付出了太多，钱真的是来之不易，我们要懂得体谅他们。男孩可以去一些劳动场所，从中明白只有付出辛勤的劳动，才能有所收获。

心理悄悄话

其实，如果从小就习惯于坐享其成，是一件很糟糕的事情，这样只会让自己变得依赖性强、懒惰自私、不懂感恩。这样的男孩不会有什么朋友，一生悲哀。

不懒惰，早起的鸟儿有虫吃

懒惰能给人带来一时的享受，让人觉得脱离了劳动的痛苦，可是这种心理带给你的享乐是长久的吗？其实，勤奋和懒惰之间只有一步之遥，关键是看你如何抉择。如果选择了前者，后者将会被舍弃，随后而来的是成功。反之，生活将索然无味。男孩们请记住：勤奋是懒惰的克星，是取得成就的秘密武器，也是每个人都应养成的好习惯。

很久很久以前，有一个农夫，在他临终之前，他把四个儿子都叫到一起，告诉他们："爹马上就要走了，不能陪着你们哥几个了，我不确定我走之后你们是否能够过得比现在还好，我担心将来你们会受苦，因此，我在咱们家的那块地里，埋下了一坛金子，这是我一辈子积攒下来的。我死后，你们就把它挖出来分了吧。"

没多久，这位农夫去世了，他的四个儿子便一起去他们父亲描述的地里去挖金子。可是他们感到非常的好奇，无论怎么挖也没找到那坛金子，他们怀疑

是不是父亲记错了地方，于是翻遍了周围的很多地，可是始终没有找到那坛金子。儿子们失望了。当时，正逢播种季节，带着失望的心情，儿子们将几块地种上了庄稼。

几个月过去了，收获的季节来临了。

由于他们深翻了土地，地里的庄稼获得了前所未有的大丰收。此时他们才明白老人的用意。

这位农夫让儿子们明白了勤奋的重要性，勤奋的价值不能用金钱来衡量，金子虽然珍贵，但却不能失而复得。男孩们，即便是你有黄金万两，但坐吃山空，总会有穷困的一天。

在一个美丽的大森林里住着一群非常可爱的小动物，有一次森林要举办一场才艺大赛，为此伙伴们都在刻苦的练习，希望能在比赛中夺冠。

小猪是小马的好朋友，他们两个约好一起努力练习，共同进步。小马喜欢长跑，它每天都非常刻苦地练习，此外还不断向前辈请教跑步的技巧。到了早晨，小马不睡懒觉，坚持练习跑步，不管再苦再累也忍了下来。晚上，小马还废寝忘食地练习着。终于，功夫不负有心人，小马的长跑能力越来越强了。

小猪也想像小马一样努力学习。可是它总是太懒惰，觉得太辛苦，练不下去，学些别的也没有毅力，整天不想学习。早晨，太阳公公升上了天空，催促小猪赶紧练习，可小猪学了些什么？小猪什么也没学到！大赛来临了，小马获得了长跑第一名，小猪什么也没得到。

此刻小猪感到很羞愧也很伤心，他说："看来只有勤奋才会有回报，懒惰的人总是一事无成。"

懒惰是成功的绊脚石，在充满困难与挫折的人生道路上，懒惰的人习惯于等、靠、要，从来不想去求知、发明、拼搏、创造，最终只能是一事无成。因此，我们要克服懒惰的恶习。那么，如何才能克服呢？

1. 遇事不要拖延

我们要态度坚决的和懒惰作斗争，不要拖延。比如，坚持早起，懂得锻炼身体；今天的事情今天完成，坚决不推到明天；不要总依赖他人，自己的事情自己做……从小处着手，一点一滴做起。

2. 制订计划，自我监督

可以把自己内心的计划和目标落实到纸上。但一段时间后，你就会发现自己即使在很短的休息时间里也可以做一些有用的事情。结果，每天工作就会成为生活必需品。所有作业都严格按规定的时间保质保量完成，逐步养成今日事今日毕的好习惯。

心理悄悄话

男孩们，懒惰是一种严重的坏毛病，久而久之就会让自己变得非常的堕落。但是只要你决心与懒惰分手，在实际的生活学习中持之以恒，那么，美好的未来就是属于你的！

睡懒觉，让你“越睡越懒”

“温暖的被窝是埋葬青春的坟墓。”虽然这句话听着有点吓人，可是事实上就是这个道理。特别是对现在的青少年来说，如果养成这样的懒惰习惯，贪睡，早晨总是赖在床上不起来，这必定会影响到自己的精神状态，从事其他事情的时候，也肯定没有充足的精力来面对。

嘉豪今年 10 岁了，他的妈妈觉得孩子正处于长身体的时期，上学也比较辛苦，一定要有充足的睡眠，所以，当嘉豪赖床不起时，妈妈从不责怪他，而是任他睡到自然醒。

可是，渐渐地，妈妈发现，嘉豪变得越来越贪睡、赖床，不仅没有因为睡眠充足而神清气爽，反而每天都显得无精打采。

于是妈妈带着嘉豪去看了医生，诊断结果是孩子没有任何问题。

但是医生同时也告诉嘉豪的妈妈，“睡眠时间太长，对孩子的身体根本没有什么好处。因为睡过了头，大脑会处于被抑制的状态，大脑的兴奋性反而会降低，因此会头昏脑涨、萎靡不振。如果长此以往地纵容孩子睡得过多，可能会引发‘周期性嗜睡症’或‘发作性睡眠症’。”妈妈听了医生的警告，从第二天起，早上6点半准时叫孩子起床，培养他形成好的生活习惯。

其实这种情况不止一个，很多孩子都养成了一种懒惰、嗜睡的习惯，长久下来，真的会影响自己，让自己变得越睡越懒。此外很多孩子还有晚睡早起的情况，这种不正常的作息习惯也对自己的学习生活极为不利，韩林就是一个典型的案例。

每天完成作业之后，韩林都要玩电脑、看电视，不到一点钟，不会躺在床上。

爸爸每每站在她身后，催她早点去睡觉，韩林都会说：“我已经做完作业了，玩一会儿，就一小会儿。”

爸爸看着孩子赖皮的样子，也希望她能在紧张的学习之余轻松一下，便不再说什么。但是，时间一长，爸爸收到了韩林班主任的反馈，“韩林上课经常瞌睡，难以集中精力。”

爸爸认识到了晚睡早起对孩子学习造成的影响，于是与韩林一起分析她学习退步的原因，告诉她：“你之所以在课堂上哈欠连连，无法正常听讲，都是由于头天晚上休息不好造成的。”

韩林在爸爸的指导下，也认识到了坏的生活习惯会影响自己的生活。“我一定会早睡早起，用好的精神状态去上好每一堂课。”

于是爸爸帮助韩林制订了生活作息时间表，每天严格遵守上面的时间，早睡早起，精力充沛。

此后，韩林的学习效率有了显著的提高。

男孩们，想要有所作为，必须有健康的身体和旺盛的精力，想要保持健康的体魄和旺盛的精力，就必须要养成好的作息习惯，整天睡懒觉或者熬夜晚睡对自己都是不好的。所以说，克服懒惰，养成良好的作息，才能健康有活力。

1. 寻找一个好榜样

男孩们，如果自己意志力不强，我们可以以一个勤奋的同学作为榜样，带动自己一起努力，可以寻求他人监督，慢慢地养成好的习惯。

2. 早睡早起很关键

睡眠不足也是不行的，男孩应该在规定的时间里睡觉。所以，不要放纵自己晚上长时间看电视、玩游戏等。即使看书也应到时间就停。否则白天没精神、嗜睡，这样就没有好的精神状态来学习。

心理悄悄话

睡眠不能太多，要养成早起的好习惯。经过一夜安睡，人在清早起床时会耳聪目明，头脑清醒，精力充沛，因而，无论做什么事情都有兴趣，也会有好的效果。

你懂得父母的辛苦吗

男孩们，静下心来，想一下这个问题：你是否去父母工作的地方看过？你是否懂得父母的辛劳？你是否总是对父母提出一些不合理的要求？你是否懂得什么是长大？你是否懂得自己去做一些力所能及的事情？……是的，这些都是生活中一些常见的问题，但是却非常值得我们反思。总之，我们要懂得提升自己的生活能力，不要总是依赖父母，要懂得体贴父母。

周五放学回家，亮亮就迫不及待地跑到爸爸面前说："爸爸，给我买一辆山地车吧，我今天已经看好价钱了，不贵，还不到一千块，我很喜欢。我的好朋友王晨的爸爸上周已经给他买了，骑着真爽啊！"听完亮亮的话，爸爸半天没有作声，过了一会儿才说："亮亮，家里的情况你又不是不知道，你奶奶已经生病住院半个月了还是不见好，已经花了不少钱，家里没有多余的钱来给你

买山地车了。”听到爸爸的话，亮亮就不乐意了：“不就是几百块钱吗，爸爸，你就算再没有钱，这点钱还是能拿出来的吧。你要是没有足够的现金的话，直接把你的信用卡给我就可以了，我可以刷卡。”听完亮亮的话，爸爸愣住了，这孩子根本不知道钱是怎么来的，一点也不体谅家人的辛苦，还要超前消费，爸爸暗暗叫苦，都怪自己平时生怕苦着孩子，所以到现在孩子压根不知道钱是怎么来的，看来不能再这样下去了。

生活中这种情况真的是非常多，许多孩子会跟父母提一些超乎想象的要求，可是自己根本不知道父母背后的辛酸！总是理所当然似的跟父母索要，根本不在乎钱是怎么来的。久而久之就变得自私、任性、好逸恶劳，也不懂得感恩。

其实，男孩们，我们应该去看看钱是怎么挣来的，看看父母工作时的状态是怎样的。当家长在自己工作的场所，恐怕就不像在家里那么随心所欲了。作为公司的职员，有时还得饿着肚子加班。只有在这里，男孩们才能看到父母的另一面。相信很多男孩会明白自己的父母之所以饿着肚子工作，就是在为了全家而努力。即使当时自己没有这么想，多年以后的某一天，这个场景也会在自己的脑海中浮现出来。

男孩们，没有人无缘无故的给你钱花，父母通过自己的汗水为我们提供好的生活，我们要懂得感恩与知足，同时也要懂得用自己的能力去报答他们，多为他们做一些事情。其实，如果条件允许的话，男孩真的可以到父母工作的场合参观一下，看看父母的工作环境，让他看看父母在工作中操劳的身影，这样才会加深男孩的认识，让自己真正地体会到，爸爸妈妈挣钱真的很不容易，自己要好好努力，不辜负父母的辛劳。

1. 感恩父母

感恩的心会让你更懂得知足，感恩的心会让你更懂得努力。不懂感恩的人，缺失的是做人的一种道德感。男孩们，不要觉得父母就该为我们操劳一切，我们已经长大，有能力了，我们要做的不是依赖，我们要不断提高自己的能力，用双手去创造更好的未来。

2. 体验赚钱的艰辛

男孩不要让自己变得太娇气了，可以通过假期的清闲时间去做一点工作尝

试一下赚钱的滋味，体验一下生活的辛苦。比如年龄小一点的孩子可以去大街上卖报纸，年龄大一点的孩子可以自己去批发一些小商品在路边或者夜市卖，男孩通过自己的劳动赚钱，才会深切地体会到挣钱是怎么一回事，花钱的时候也就会知道节省了。

3. 多做一些力所能及的事情

男孩们，生活中其实我们能做的事情真的是很多。比如说在父母忙了一天回到家之后，我们可以给他们递一杯水，给父母拿拖鞋，或者帮助父母一起做饭，还可以帮着父母做家务，体验家庭生活的繁琐和辛苦，可能就会好很多。

心理悄悄话

尊老爱幼是中华民族的传统美德，我们要从小养成尊重长辈的好习惯。男孩们，现在你们的性格处于叛逆阶段，很多男孩有不尊敬父母，甚至和父母吵架的恶习。希望有这种行为的男孩坚决杜绝，尊敬父母，倾听父母的心声，牢记父母的养育之恩。

脚比路长，你是否在路上

对于一个信念执着、脚踏实地去做事的人来说，“不可能”这三个字在自己的字典里是没有的，因为他们始终坚信一句话：“世界上没有比脚更长的路”。是的，我们要相信，所有的困难都能克服，所有的事情都会过去。不管前方多么渺茫，只要通过自己的努力，一步一步走下去，所有的坎坷都将被你踩在脚下。而你的信念、理想、希望都将一一变成现实。

古老的阿拉比王国坐落在大漠深处，多年的风沙肆虐，使昔日富饶的城市

变得满目疮痍，城里的人越来越少。

一天，国王将四个王子召集到一起，对他们说：“我打算将国都迁往美丽而富饶的卡伦。卡伦离这里很远很远，要翻过许多崇山峻岭，要穿过草地、沼泽，还要涉过很多的大河，但究竟有多远，没有人知道。”

国王看了看他们继续说：“我决定让你们四个分头前往探路。”

四个王子都惊异于国王的决定，但他们还是服从了命令，带上充足的物品出发了。

大王子乘车走了 8 天，翻过 4 座大山，来到一望无际的草地，他一问当地人，才知道过了草地，还要过沼泽，还要过大河、雪山……便打马往回走。

二王子策马穿过一片沼泽后，被一条宽阔的大江挡住了去路，望着奔涌的江水，他掉转了马头……

三王子漂过了两条大河，却又走进了一片无际的大漠，在茫茫的沙漠中，他搜寻着回来的路。

一个月后，三个王子陆陆续续回到国王身边，将各自沿途所见报告给国王，都再三特别强调，他们在路上问过很多人，都告诉他们去卡伦的路很远很远。

又过了 6 天，小王子风尘仆仆地回来了，他兴奋地报告父亲——到卡伦只需 18 天的路程。国王满意地笑了：“孩子，你说得很对，其实我早就去过卡伦。”四个王子不解地望着国王——那为什么还要派他们去探路？国王一脸郑重地说道：“我只想告诉你们四个字——脚比路长。”

男孩们，“脚比路长”，关键是看你肯不肯去走，肯不肯付出努力，加油吧，做一个“在路上”的人。

1. 坚定信念

男孩们，没有过不去的坎，没有达不成的目标，关键是看你是否肯去努力。生活中很多困难貌似强大的外表吓退了我们的决心和勇气，使我们变得软弱无力。但只要我们鼓足勇气，坚定信念，任何障碍都会变得不堪一击。

2. 勇于实践

任何困难即便是再简单，只要你不去尝试，那么永远克服不了。所以，我们要敢于迈出自己的那一步，只有走出去了，你才能知道问题的深浅，才知道

能否有能力去克服，才能不断地挑战自己、完善自己。

心理悄悄话

相信自己，人生掌握在你自己手中，不要在意你现在的环境，珍珠不是在海水里，而是在蚌壳中艰难孕育出来的。只要你有一颗不平凡的心，并且为之努力，那么你就会有一个不平凡的人生。请记住：心有多大，舞台就有多大；人比山高，脚比路长。

第 08 章　自己做主
——你应该有主见，但不要固执己见

说起主见，大家都不陌生，有主见的人不会人云亦云，也不做他人的应声虫，否则就会失去自己独立思考的能力，也失去了自己独有的特色。我们可以参考别人的意见，但不要被其禁锢，在选择的岔路口，最重要的是聆听自己的声音，因为我们是为自己而活。男孩们，如果你总是习惯于依赖父母亲朋，那么你该如何迈开自己的脚步呢？你要记住，想要成为一名真正的男子汉，就必须是一个有主见、有思想的人。

学会自己做主，克服依赖

依赖是一种慢性毒药，会让你慢慢失去自己处理事情的能力。一般来说，小时候对父母的依赖心理比较严重，可是长大了，身上总归要承担一定的责任。面对这些责任，有些人感到胆怯，无法跨越依赖别人的心理障碍。依赖别人，意味着放弃对自我的主宰，这样往往不能形成自己独立的人格。他们容易失去自我，遇到问题时，自己不积极动脑筋，往往人云亦云，易产生从众心理。

小海今年上初一了，一直都很听话也不惹是生非，算是父母和老师眼里的乖小孩。与同学之间，小海相处的也非常融洽，极少产生摩擦。但是小海有个大家都了解的特点，他总是喜欢说“都行”，无论什么事，父母征询他的意见，他总是顺溜地说出自己的意见——都行。起初，父母觉得这是孩子贪玩、心不在焉的原因。可是，有时候你“都行”了，他好像还是不太高兴似的。

有一天下午放学回家，妈妈问小海：“小海，今天想吃什么好吃的呢？”

结果小海还是很随意地说了一句：“都行。”

既然这样，妈妈就去厨房里忙起来了，随后做好了饭，叫小海出来吃，没想到小海一看就不高兴了，低声气哼哼地说：“天天老吃这个，我真的不想吃了。”

妈妈看到小海不太开心，就问他：“每次问你吃什么，你都无所谓，好像什么都可以，自己也不说想吃什么，做了你也不爱吃，如果想吃什么你就直接说出来就好了呀。”

听到妈妈这样说，小海心里很难过，他低着头说：“其实，我也不知道自己想吃什么。”

后来，经过爸爸妈妈的仔细观察，他们发现小海在很多问题上都喜欢说“都行”，总是表达不出自己的观点，也不自己去做决定就直接听从他人的安排。比如：小朋友一起玩游戏，大家提议玩什么游戏，他从来都是随大流；周日出去玩，爸爸问他去公园还是去游乐场，他也说都行；问他先吃饭还是先喝汤，他也说都行……

有些父母以为这样的孩子没那么多事，好养活。殊不知，“都行”就是孩子最大的毛病，这表明孩子缺乏责任心和自立意识，是一种很不负责任的行为。

后来，小海妈妈说：“虽然小海很听话，是众人眼中无可争议的乖小孩。但是我心里一直觉得不踏实。原因在于，你告诉他的事情，你要求他的事情，他都会不折不扣地完成。有时候，他自己的事情也等着我们的意见和吩咐。起初，我们都觉得有这么一个听话的儿子多好啊！但是，渐渐地，我觉得儿子太听话了，以至于缺乏主见。”

是的，我们每个人都是独立的个体，我们需要有自己的思想，学会自己去主动处理一些事情，不要总是依赖他人，听从安排，这样我们会丧失自己内心的主心骨。

1. 克服自己，少说“随便、都行、无所谓”之类的话

很多人总喜欢说“随便、都行、无所谓”之类的话，任何事情自己不喜欢拿主意，慢慢地这种懒惰心理逐渐就会把自己变得随大流、人云亦云。所以说，遇到事情，我们要学会思考，要敢于说出自己的想法，这样才能不断地培养起自己的独立能力。

2. 尽量少去问他人

有的男孩遇到事情，第一反应不是想想自己该怎么做，而是直接去问父母或朋友，这就是典型的依赖心理。如果有事情需要自己拿主意，我们要先冷静下来，不要浮躁，学会分析问题，考虑一下这样做有什么后果，那样处理是否得当，然后权衡一下，自己选择，有时候分析错了，也是一种经验的积累过程。

心理悄悄话

我们不难发现，有依赖心理的人往往缺乏自信，自我意识低下。所以，自己能做的事一定要自己做，自己没做过的事要锻炼做，这样才能培养起自己的独立意识。

走自己的路，让别人说去吧

所谓一千个读者就有一千个哈姆雷特，人与人之间的思维可以说是千差万别。所以我们要保持自己内心的坚定，做一个有主见的人，不要因为他人的看法而丧失了自我。我们真的没有必要为了某个人或某些人的目光而活，就算别人指责我们、否定我们，也并不表示我们就是一个失败者。当我们觉得自己的判断或是所做之事是正确的，就没有必要为了别人的指责而将其全盘打乱。

丽丽曾经讲过一个自己的经历，哭诉自己内心的苦恼。有一天，丽丽和男友阿豪在街上逛着，突然不小心丽丽摔了一跤，崴到了路上的一摊水里边，当时路上有人看到她就笑了起来。丽丽当时特尴尬，哭了，身边的阿豪手忙脚乱地给她揉着痛处，擦着身上的脏水，丽丽却说：“不疼，没事。”阿豪很奇怪，“不疼哭什么呀？”丽丽非常心烦，满脸通红地说：“我摔得这么尴尬，弄得这么狼狈，周围的人会怎么看我呀，他们都嘲笑我，我能不哭吗？……”“别人会怎么看我呀？”是啊，生活中我们听到多少这样的话啊！有时候甚至感觉，我们就像活在别人的眼光里，这种眼光的杀伤力甚至有重于我们自身的感觉。

初中二年级二班有一个学生叫李小刚，他是班里公认的“麦霸”，不管多么有难度的歌曲，到了他的嘴里都是那么自然而又动听。有一次，学校举办歌咏比赛，他连预选都没参加，直接被班主任王老师保送进决赛现场。但是，李小刚面对全校师生，一张张不熟悉的面孔让他顿时精神紧张，他在比赛中完全没有发挥出应有的水平，成绩非常的靠后。这件事过去很长时间了，他还在为此郁郁寡欢。

男孩们，看完这两个案例，相信大家都有所触动，因为很多时候我们又何尝不是这样呢？我们是否太在意别人的看法？有时候就连别人一个眼神儿也会引起我们的猜疑，别人多看你一眼，你便觉得他对你有敌意；别人少看你一眼，你又认定是他故意对你冷落，给了自己一些“他可能对我很失望”“他肯定在笑话我”的心理暗示。其实有时候，难免是多心，对方并无此意，完全是我们自己自以为是。

但丁曾经说过这样一句至理名言：“走自己的路，让别人说去吧。”男孩们，要想成就一个独特的自己，就要养成自己的个性，不要太在意别人的眼光，也不要因为别人说什么就丧失自信。

男孩们，总是生活在别人的评价里，是可悲的，也是非常疲惫的，有自己的主心骨，不要过于纠结那些无所谓的“眼神”或“讥讽”。

1. 学会自我分析生活事件

太在意别人的看法就是没有自己主心骨的一个表现，也是自己分析问题、处理问题、做出决策各方面的能力还不够强大。一个人如果能做到留意生活中的某些事情，能经常分析某些事情，不仅能丰富他的阅历，还能提高他处理事情的能力。

2. 转移注意力，不要去想那些人的看法

当你感觉到别人在用不一样的眼光看你或者议论你的时候，你不要去仔细地听他们具体说什么，继续做自己的事情，学会转移自己的注意力，把思想集

中到自己的身上，否则你将什么都做不好。

3. 先想好再问别人

在拿不定主意时，要尽量先想好自己的主意，再去问别人的意见，最后由自己做决定。一旦养成了这样的习惯，遇事有主见的能力自然就会提高，久而久之就不会遇事没主见。

心理悄悄话

人要成大事，就必须如一句格言所说："走自己的路，让别人去说吧！"当然，这并不是说独立思考就不去认真听取别人有益的意见。如果别人的意见有可取之处，哪怕是来自"敌人"的意见，也应该认真听取。

做最好的自己，你就是最棒的

人有很多事情要做，事情不分轻重缓急，也不分大小，关键是看我们是否用心、尽力，做人、做事努力认真的人是值得人尊重的。我们每一个人不可能都成为"小皇帝""小公主"，社会上的各种角色都需要人们来扮演。其实，问题的关键不在于你干什么，重要的是你是否能够做最好的自己，因为每一个位置都会有人做到优秀、极致。

曾经有个小男孩，他家境贫寒，从小父母离异，跟着妈妈一起生活，住的房子又挤又破，可以说是生活环境非常艰苦。上学的时候同学们总是笑话他脏兮兮的，不愿与他亲近。他也不喜欢学习，总是调皮捣蛋，所以，他的母亲就是学校的"常客"。

可是，他有一个很大的爱好，就是非常喜欢拳击和武术，很多时候他都死

守着电视里的比赛不放。生活中他还喜欢模仿那些高手们的拳术，不仅练过咏春拳和铁砂掌，还背着母亲练过泰拳。他最喜欢的武术是李小龙自创的“截拳道”。他置学业于不顾，天天忙着练功夫。因为跟同学打架，他经常遭到母亲的责骂。当时，他最大的理想就是成为李小龙第二。于是，他报考了体校。可是，因为身体素质太弱而落选。

后来，他找到第一份做助理的工作，可是随后就被辞退了，接着又是一份份的工作，他都没待多久……

后来，他考入香港无线电视台成为艺员。1983 年顺利毕业，成为香港儿童节目主持人。这份工作他一干就是四年。媒体曾经发表过一篇报道，认为他的才能有限，要想继续在这个圈里打拼，只能做儿童节目。这样的评价非但没有令他垂头丧气，反而激发了他的斗志。他把这篇报道剪下来贴在自己的床头，举着拳头告诉自己：我一定要不断努力，闯出一番天地，让别人对我刮目相看！

自此之后，他更为积极努力地去对待生活，不断开拓自己，希望在演艺方面有所成就。刚开始只是一个跑龙套的，每天都在场地转来转去，什么角色他都愿意尝试。对他来说，那段时间是最为艰苦的。然而，他从来没有放弃，也从来不去羡慕别人。他相信，只要一步步去做，一定会成就最好的自己！

在所有的角色中记忆最深刻的就是演死尸。当再次谈起这个时，他笑着说：“虽然事先已经做好预防措施，但还是会感到被大火灼烧的痛感。”随后的一段时间，他终于用自己的努力和坚持让自己逐渐有了名气。他用一种荒诞不经、另辟蹊径的“无厘头”式表演，真实细致地揭示了市井小人的矛盾和挣扎，成为喜剧表演中的一枝独秀。

虽然他没有成为第二个李小龙，可是他却创造了香港喜剧表演的一个奇迹，至今仍为大众喜爱、追崇，他就是周星驰。

曾经有人问他成功的秘诀，他说：“没什么秘诀，我只是尽最大可能做好自己。”是的，在最艰难的时刻，他始终不放弃自己，成功就来自于他的这种精神，这是对自我的一种准确认知，是坚持做最好的自己的一种良好的证明。

男孩们，或许你在人群中不是最好的、最优秀的，可是请你记住，你不需要成为最好的，但要成为最好的自己。

1. 不要怕嘲笑，保持好心态

个人都有表达自己意见和观点的权力，如果别人嘲笑也是他们一种观点的表达，那也是可以理解的。我们阻止不了别人的言行，但可以控制自己的心态。遭遇别人的嘲笑，不生气，不较真，而是努力做好自己，通过自己的努力让梦想成为现实，到那时，别人已经找不到任何理由来嘲笑我们了。

2. 自信心是不可缺少的

我们都有着自己的闪光点，男孩们不要自卑，相信自己，敢于呈现真实的自己，而不是刻意地去模仿别人。也许你在某一方面做得不好，但是相信你在另一方面会非常突出。总之你是独一无二的，是无可替代的。尊重上苍赐给你的才能，这才是真正适合你的，是只属于你的美丽！

心理悄悄话

有位作家说得好："把自己说服了，是一种理智的胜利；自己被自己感动了，是一种心灵的升华：自己把自己征服了，是一种人生的成熟。但凡说服了、感动了、征服了自己的人，就有力量征服一切挫折、痛苦和不幸。"一个人，只有在生活中确定能很好地做好自己，做最好的自己，才能越来越优秀，才能超越自我，成为一个了不起的人。

男孩要学会做出自己的选择

生活中处处需要选择，我们不能像小时候那般依赖父母，希望什么都替自己做主，其实这样会逐渐丢失自己的思想，成为一个没主见的人。我们要记住，理智、坚决的选择、最适合自己的才是最重要的，尽管有时它并不是最好的。

小雨马上就要毕业了，初次踏入社会的她要开始面临找工作的问题了，面试了几家公司之后，她幸运地被一家咨询公司和物贸公司都录取了。其实这个结果真的是挺令人羡慕的，因为这两家公司确实非常的出名，一般刚毕业的大学生很难进去，而现在她居然同时接到了两家公司的录取通知，确实很了不起。

班主任老师问她："小雨表现不错呀，竟然被这两家公司录取了，想好怎么取舍了吗？"

小雨说："我准备去那家咨询公司，我的朋友都认为我适合做咨询工作。"

可是随后几天，小雨来上课，班主任老师问她："适应新环境吗？那里还不错吧？同事间相处的可以吧？"

小雨说："哎，老师，我压根就没去呢！我叔叔告诉我，说另外那家物贸公司发展潜力非常大，我在那里能够有很大的进步空间，学到很多东西，还能拿到相当优厚的薪水，我已经改变主意了，决定去物贸公司。"

跟她交流一番之后，班主任老师觉得就是去物贸公司了，还给她一些好的指导建议，鼓励她好好努力。可是过了两天之后，小雨又找到老师说："老师，我去咨询公司还是选择那家物贸公司呢？现在我都迷糊了，真的不知道选择哪家才好。"

这时候老师才是真糊涂了，问她："之前你不是已经选择好了吗？为什么又出现了变化呢？"

小雨说："我的朋友说我不适合做物贸工作，他们认为我还是应该做咨询工作。所以，我希望您能给我一些建议，帮我选择一下。"

这时候，班主任老师笑了，他语重心长地对小雨说："小雨，你要明白，选择的问题最终还是要靠自己，我也只能给你一些自己的看法和建议，但是不能帮你选择。你要记住，无论做任何事，最后的选择权都是你自己的，你不能只听别人的意见，而自己一点想法都没有。"

最后，班主任老师问小雨："你到底喜欢哪一份工作呢？你认为你干哪种工作更有发展呢？"小雨想了想说："我还是喜欢咨询工作，我有耐心，也愿意帮助别人，所以咨询工作比较适合我。物贸工作需要和很多陌生人打交道，我做起来可能很费力。"

班主任老师这时候肯定地点了点头说："看来你还是很了解自己的，知道自己什么地方是优势，什么地方比较欠缺，可是既然这样你为什么总是寻求他人为你做出选择呢？你要记住，你要做一个有主见的人，这样你才能变得更成熟。"

男孩们，不知道你们是否也是这样，其实这种情况真的很多，很多人不仅大事做不了主，就连小事都去一遍遍地问别人请求帮忙拿主意。每个人都有不同的看法，所以到最后自己都迷糊了，根本不知道听谁的好。男孩们一定要记住，咨询别人的意见是好的，但是完全听从别人的意见就大可不必了。

不要事事总是寻求帮助，要学会自己做选择，这是一个成熟男孩必备的素质。

1. 从点滴小事做起

不要认为小事情不值一提，如果你连小事都做不好，哪有能力去做更大的事呢？男孩们，我们要懂得从生活中的小事做起，比如：当你在做作业的时候有人叫你去玩游戏，你就要想好，是认真做完作业之后再去做其他的事，还是选择游戏舍弃当前的事情？这些不起眼的小事，都能影响你的决策能力。

2. 认清方向

不管是生活还是学习，都处处面临着选择，选择就是让我们认清方向。如此才可避免误入歧途、浪费时间。人生的旅途中，有很多岔路口，一不小心就可能走上冤枉路。所以我们既要敢于做出选择，又要慎重对待自己的每一次选择。

心理悄悄话

男孩们，我们已经长大了，不是妈妈怀里的小孩子了，所以我们要学会成长。我们不能丧失自己的主见，完全听从别人的建议，把命运交给别人。要有自己的想法，学会自己做选择，这样我们才能变得更成熟，成为一个小小男子汉。

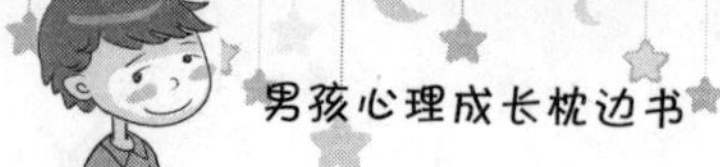

有主见，不是要固执己见

有自己的想法，有自己的主见，这是好事，也是一种做人的优良素质，可是如果超过了一定的限度，就容易发展成为固执，也就是所谓的“固执己见”。我们应该知道，在许多事情上，固执己见是一种不懂得变通的表现，极易导致失误，甚至会害了自己。当有人在你人生奋斗的途中，向你提出某些方面的警告，一定要学会理智地分析这些警告的真正含义。一方面，不要因他人的错误劝解而放弃自己的目标；另一方面，也不能面对对方的善意且正确的规劝而无动于衷，固执己见。

有这样一头小毛驴，它非常的自以为是，高傲的不得了。一直以来，它总是觉得自己学识过人，懂得各方面的知识，可以说是非常的渊博。当别人向他提出善意的劝告时，它总是摆出一副很不以为然的样子。就连主人吩咐命令的话，它也很不乐意听。

有一次，主人牵着这头小毛驴，让它驮着一袋粮食。主人拉小毛驴往左走，它偏偏不肯，就是要往右走。走在大街上，人来人往，主人想着在这里不好教训它，只好随着它去。

终于走出这条热闹的街市，他们来到一条小路前，小路弯弯曲曲，前方一直延伸到高山的山腰上去。走到山腰上时，主人紧紧地拽着缰绳，拉着小毛驴往前走。可是小毛驴又使起性子来，主人让它往左走，它就偏要往右走，主人拉它往右拐，它就偏要往左拐。眼看要走到山路最陡峭的地方了，主人小心翼翼地拉着小毛驴，引导着它往前走，可是小毛驴还是固执己见，按着自己的想法来，想往左就往左，想往右就往右。可把主人给气坏了，主人一怒之下大骂道：“你这只笨驴，你懂什么呢！你再往边上走就要掉到悬崖下去了！还不快给我走过来点！”

说着，主人用力把小毛驴往山路里侧拉了拉。小毛驴听见主人骂它什么都

不懂，于是也生起气来，越加和主人对着干。主人让它往里走，它就偏要往外走。突然，小毛驴前脚踩了个空，打了个趔趄，眼看小毛驴就要掉下山了，主人连忙拉住缰绳，一边还指挥着小毛驴："后脚踩稳了，前脚尽力往上攀啊！"可是，都这时候了，小毛驴还是固执己见，不听主人的劝告。主人见小毛驴依旧不按照他的意思去办，也无可奈何，加上小毛驴又驮着一袋粮食，那么重，单靠自己一个人的力量肯定也没办法把小毛驴拉上来。于是主人到最后只好松了缰绳，小毛驴便重重地摔下山崖了。

男孩们，看完这个故事，你有什么启发呢？在学习及生活中，我们要有自己独特的见解，可是不要太固执，因为我们自己的观点不一定全都是对的，此时就要学会慎重的分析问题。如果能发现错误，我们也要学会采纳别人建议，不断纠正自己。如果发现自己的观点并没有错，那么就要继续坚持自己的看法，只有这样才能更好地指导自己的行为，使自己在学习中不断进步。

1. 不断地反省自己

男孩们，如果你弄不清楚自己的决定是否正确，那么你就应该懂得自我反省。可以这样想一下："这件事情我有没有太偏激、太固执的地方？别人的说法也有一定的道理，我还有需要改善的地方，这点以后要注意。"

2. 去实践一下，看看谁对谁错

男孩知道一句话"实践出真知"，那么，当自己的决策被别人说成是"顽固不化"的时候，你不妨自己动手去实践一下。这样，你才会知道别人说的话到底有没有道理。

心理悄悄话

培根曾经说过这样一句话："一个最可恶的人，是一切行动都以自我为中心，就像地球之所以以自己为中心而转动，让其他星体在周围环绕运行一样。"因此，我们以自我为中心的思想，不要执迷不悟，做一个有主见且能听得下别人意见的优秀少年。

人云亦云，何时才能成长

一群喜鹊在树上筑了巢，在里面养育了喜鹊宝宝。它们天天寻找食物、抚育宝宝，过着辛勤的生活。在离它们不远的地方，住着好多八哥。这些八哥平时总爱学喜鹊们说话，没事就爱乱起哄。

喜鹊的巢建在树顶上的树枝间，靠树枝托着。风一吹，树枝摇晃起来，巢便跟着一起摇来摆去。每当起风的时候，喜鹊总是一边护着自己的小宝宝，一边担心地想：风啊，可别再刮了吧，不然把巢吹到了地上，摔着了宝宝可怎么办啊，我们也就无家可归了呀。八哥们则不在树上做窝，它们生活在山洞里，一点都不怕风。

有一次，一只老虎从灌木丛中窜出来觅食。它瞪大一双眼睛，高声吼叫起来，直吼得山摇地动、草木震颤。

喜鹊的巢被老虎这么一吼，又随着树剧烈地摇动起来。喜鹊们害怕极了，却又想不出办法，就只好聚集在一起，站在树上大声嚷叫："不得了了，不得了了，老虎来了，这可怎么办哪！不好了，不好了！……"附近的八哥听到喜鹊们叫得热闹，不禁又想学了，它们从山洞里钻出来，不管三七二十一也扯开嗓子乱叫："不好了，不好了，老虎来了！……"

这时候，一只寒鸦经过，听到一片吵闹声，就过来看个究竟。它好奇地问喜鹊说："老虎是在地上行走的动物，你们却在天上飞，它能把你们怎么样呢，你们为什么要这么大声嚷叫？"喜鹊回答："老虎大声吼叫引起了风，我们怕风会把我们的巢吹掉了。"寒鸦又回头去问八哥，八哥"我们、我们……"了几声，无以作答。寒鸦笑了，说道："喜鹊因为在树上筑巢，所以害怕风吹，畏惧老虎。可是你们住在山洞里，跟老虎完全井水不犯河水，一点利害关系也没有，为什么也要跟着乱叫呢？"

这是一只没有主见的八哥，它不懂得自己去思考，只是知道一味地随波逐

流，也不管对不对，以至于闹出了笑话。男孩们，这个道理应用到我们自己身上也是这个道理。凡事不要不经思考，人云亦云，要懂得锻炼自己的独立思考能力，学会自己做主，不要盲从别人，这样才能更好地成长。请男孩记住：听取别人意见和人云亦云有着本质的不同。

1. 相信自己，我能做好决定

一定程度上来讲，主见能很好地反映一个人的自信。假如你不自信，那么你就很容易出现举棋不定的状况。因为担心自己做出错误的判断和决定，所以宁愿让别人去作决定。我们要对自己有信心，按照自己的想法去做，结果一定不会比别人差。

2. 锻炼自己独立思考的能力

遇事先思考，不要盲从他人，这样才能提高自己的决策能力。我们可以把他人的建议当成一种参考，久而久之，也就有主见了。所以，做事时，我们要养成自己先思考的习惯，实在找不到答案，再请教别人。如果我们没有认真地思考过，那就不要偷懒去请教别人。

心理悄悄话

男孩们，如果我们缺乏主见，那就极易成为“墙头草”，随风而倒，那么我们还能做点什么呢？实际上，正确的主见都是事物本质的反映，坚持主见就是坚持真理，就是坚持胜利，而真理总是被少数人发现，而被多数人所认同的。

第09章　不必较真
——不拘泥于狭隘，用笑容征服人心

心的宽度决定你的风度，你的大气与宽容定会赢得更多的尊重。男孩们，博大的胸怀对人的一生，特别是心智等各方面处于成长阶段的青少年来说有着极大的益处。心胸宽广，你的路会越走越宽，反之，狭隘则会限制你人生的步伐。不管前方如何，好的心态和宽广的胸怀总能让你走出困境。男孩们，让我们学会用宽广的心活在当下，赢得尊重，成就未来吧！

心怀宽广，彰显男儿风度

法国作家维克多·雨果有这样一句名言：“世界上最广阔的是海洋，比海洋更广阔的是天空，比天空更广阔的是人的胸怀。”胸怀宽广的人乐观向上，给人带来一种如沐春风的舒适感，他不因琐事而与人斤斤计较，也不因成败而耿耿于怀，他的气度为人所尊敬、热爱。男孩们，适当地放开胸怀，把目光放远，学会释怀，学会淡化，这样我们就会少了很多压力。身边的每一件事情都是幸福的源泉，只要我们敞开心扉，随手抓住的都会是快乐。

蔺相如是春秋战国时期赵国的大臣，他很有见识和才能。在“完璧归赵”、“渑池相会”两次外交斗争中，捍卫了赵国的尊严，地位在名将廉颇之上。这使廉颇很不服气，他对别人说：“我廉颇攻无不克，战无不胜，为赵国立下了赫赫战功。蔺相如不过是凭一张嘴巴，说说而已，有什么了不起，反而爬到我的头上。一定要侮辱他一番。”蔺相如听说后，尽量不跟廉颇会面，每次出门，避开廉颇，有时甚至装病不去上朝。有一次蔺相如外出，远远看见廉颇的车马

迎面而来，连忙叫车夫绕小路而行。

蔺相如手下的人对他这样卑躬让步的做法感到委屈，纷纷要求告老还乡。蔺相如执意挽留，并耐心地向他们解释说："诸位认为廉将军和秦王相比，哪个厉害？"众人都说："当然廉将军不及秦王了。"蔺相如说："对啦，天下的诸侯个个都怕秦王，可是为了赵国，我敢在秦国的朝廷上斥责他，怎么会见到廉将军反而害怕了呢？你们的心情我是理解的，可是，你们想过没有，强大的秦国之所以不敢攻打赵国，就是因为赵国有我和廉将军两人的缘故。如果两虎相斗，势必两败俱伤。我不计个人恩怨，处处让着廉将军，是从国家的利益着想啊。"听了这番话，大家都消了气，打消了告辞还乡的念头，反而更加尊敬蔺相如了。

后来，有人把蔺相如的话告诉了廉颇，廉颇深受感动，惭愧万分，觉得自己心胸竟然如此狭窄，实在对不起蔺相如，决心当面请罪。一天，他脱下战袍，赤身背着荆条，来到蔺相如的府第，"扑"地跪在地上，老泪纵横，泣不成声地对蔺相如说："我是一鄙陋的粗人，见识浅薄，气量狭窄，没想到您对我竟如此宽宏大量，我实在无脸见您，请您用力责打我吧！就是把我打死了，也心甘情愿。"蔺相如见到此情景，急忙扶起廉颇，给他穿好衣服，拉着他的手请他坐下。从此两人消除隔阂，加强了团结，同心协力，保卫赵国，强大的秦国更加不敢轻易地侵犯赵国了。

男孩们，一个大度的人，一个心怀天下的人是不会计较个人得失的，蔺相如正是真君子！他心胸宽广，不计前嫌，正是因为他这种高尚的情怀，使他至今仍让人敬重、赞扬。男孩们是否也有这样的心胸呢？

1. 不要对往事耿耿于怀

齐桓公任用曾经射杀过自己的管仲，李世民重用曾经建议太子杀掉自己的魏征，古往今来，用宽容化解仇恨的例子又有多少呢？一代代伟人面对的问题难道比不过我们生活中的磕磕绊绊吗？男孩们，有些事情过去就是过去了，不要折磨自己，浪费时间纠结，心宽一点，内心的垃圾就会少一点。

2. 自我调节非常重要

想改变自己，就要学会调节自己的心态。男孩可以试着利用校园环境多加改善自己，让自己变得更加优秀。我们不要总是封闭自己，要学会融入到学校这个大家庭里，多去参加一些文体活动，适当的劳逸结合。在学习的过程中多与同学交流、谈心、分享，其实，与人接触的过程，也会使我们的心胸变得更广阔。

心理悄悄话

男孩们，一个宽容的人也一定要有一颗公德心，一颗热爱集体的心。因为我们迟早有一天会融入到学校及社会这个大家庭，在这个大家庭里，我们要与人交流，要学会适应不同性格的人，而不是以自我为中心，这时候我们需要学会用一颗包容的心去对待他人。比如，在学校的活动中，要有着高度的集体荣誉感，对集体的事情有一定的责任心，不计个人得失，这样才能真正地成为一名坦荡高尚的好少年。

不做“小心眼”的男孩

很多人都看过《三国演义》，书中周瑜的形象可以说是深入人心。他是一个才高八斗之人，却因心胸狭隘而英年早逝。“既生瑜何生亮”道出了他内心的无尽哀愁，这是周瑜对自己的才华比不过诸葛亮的一种叹息。成大事者，必然有着宽广的胸怀，不因琐事而烦忧，不因嫉妒而丧失本心，这样才会全身心地投入到自己的事业中去。

从小到大，章皓就是一个非常出色的男孩，特别是在学习方面表现得尤为突出。他有着非常强烈的好胜心，不仅聪明而且刻苦，可以说在这方面父母感到非常自豪，并深得老师的喜爱。每次学校有各种竞赛或者活动，他都能取得

非常优异的成绩。长期以来，他的优越感越来越强，心里不免产生这样一种心理：我就是最棒的，别人肯定不能超越我。

人无完人，纵然章皓在学习上非常突出，但是在性格上他有一个非常大的缺陷，那就是心胸比较狭隘。他的优越感太强，所以每当看到别人表现得出色被夸赞的时候，他都非常不服，如果老师批评了他，他就觉得难以接受。这样的性格也渐渐地让他与同学之间的距离越发的疏远，许多同学都不太愿意接近他。

曾经有一件事情影响挺大的，那还是章皓上幼儿园的时候，和一个小朋友争吵起来，老师批评了他们。他觉得自己很委屈，回家后又哭又闹，逼着妈妈给他转幼儿园。妈妈拗不过他，只好给他换了一所幼儿园。章皓上了小学后，他的班主任和任课老师都很喜欢他，但他心胸狭窄的性格还是没有改。班级中如果某个同学在哪方面超过了他，他就会非常气愤，想方设法打击、报复或者诽谤同学，以发泄心中的不满，久而久之，同学们渐渐疏远了他。

章皓不仅接受不了别人比他优秀，而且也接受不了老师对他的忽视或批评教育。有一次，老师表扬了其他班干部，而没有表扬他。老师说他学习好，工作能力强，就是工作方法上存在着一些问题，同学关系有时会出现一点紧张，希望他能稍微改变一下。其实当时老师只是委婉的给他建议，而且也是站在他的角度替他着想，可是在章皓看来这是一件完全接受不了的事，心高气傲的他怎么能受得了。为了这件事，章皓一连几天吃不下饭，也不说话，他觉得太不公平了，老师怎么能这样对待他呢？

长期下来，章皓的性格缺陷给他造成了很大的困扰，内心烦闷也无人倾诉，同学关系紧张，同时他的“小心眼”给自己又施加了过多的精神压力，章皓变得越来越孤僻。

男孩们，心胸狭隘折磨的不是别人，而是自己。人生的路还很长，不要像章皓那样封闭自己前进的脚步。心胸狭窄的人遇到不如意的事情就会愤怒、焦躁、沮丧、惧怕、胆怯、憎恨等，不仅会使自己陷入懊恼、忧伤的恶劣心境中不能自拔，甚至还会因不能冷静地坦然处之，使事情雪上加霜。放宽心吧，这样的你才会充满阳光，变得快乐而又积极。

1. 分享会让你收获更多的爱

一个懂得分享的人，收获的是更多的欢乐与关爱。男孩们，胸怀宽广的人是一个慷慨、大气、乐于分享的人，而不是一个霸道、小气、有着强烈独占欲的人。学习中我们可以互相学习，乐于分享，这样才是一种共同进步的良好方式。

2. 狭隘会让你成为一个孤独者

在交往过程中，狭隘的人总是接受不了别人的过人之处，无法欣赏他人，长此以往就会出现人际关系危机。朋友的缺失会让自己越发孤僻，有事无人帮忙，无人可以倾诉，极易导致自己陷入悲观情绪里无法自拔。

心理悄悄话

不管经历什么，好的心态和宽广的胸怀总能让你走出困境。心胸狭窄带来的是更多的不幸与压抑。宽广的内心带给你的是充满斗志的现在和更明朗的未来。男孩们，知道怎么做了吧?

原谅，是内心的一次释放

佛说，不宽恕众生，不原谅众生，是苦了你自己。是的，原谅是一种胸怀，原谅也是一种魄力，一个懂得原谅的人，更是一个懂得自我救赎的人。

王凯和他的同学张晨是无话不谈的铁哥们，他们一起大学毕业，去了同一家公司试用。他们共同拜访了一位大客户，几乎谈成一单大生意，已经有了初步合作的意向，只等第二天签合同。王凯和同学非常兴奋，在宿舍里喝酒庆祝。结果他喝得酩酊大醉，一直睡到第二天清晨。醒来后，发现张晨不见了。等去了公司才知道，张晨趁他烂醉如泥的时候，提前签成了那单生意。当然，所有

的功劳都成了张晨一个人的。

王凯去找张晨算账。对方辩解说，喝完酒，心里不踏实，所以打算连夜将那个合同搞定。想和他一起去，可是叫了他半个小时，也没能把他叫醒。他当然不信，和同学争吵，可是有什么用呢？因为那单大生意，他的同学升了职，并一直做到部门经理。而他，在很长的一段时间里，一直是公司的一个小业务员。

王凯接受了事实，继续埋头苦干，也谈成几单重要的生意，一年之后也升了职。可他就是不能原谅张晨。他和张晨彻底绝交，拒绝出席一切有张晨在的场合。他说只要看到张晨那张脸，他就愤怒到极点，恨不得将那张脸踩扁。

王凯说，他什么都可以宽容，但就是不能够宽容卑鄙。他谁都可以原谅，就是不能够原谅张晨。

后来，张晨多次找到他，跟他道歉。可是他对张晨的道歉总是置之不理。其实，他自己也并不快乐。尽管他也升到了部门经理，可是同在一个公司，哪怕再小心翼翼，也会见面。每到这时，王凯就会把头扭到一边，脸色铁青。哪怕，一秒钟前他还在捧腹大笑。

王凯也觉得自己很难受。本来，犯错的是张晨，要受到心灵惩罚的，也应该是张晨。怎么到最后，难受的人竟成了他自己？并且，一直持续了好几年。

而王凯之所以难受，是因为他有了太多的恨。如果一个人对另一个人有了仇恨，那么，他就会不快乐。多年来，他对张晨的仇恨在心中被无限放大，并最终变得根深蒂固。心中被仇恨占满了，快乐放在哪里呢？原谅张晨曾经的过错，其实对于他自己也是一种解脱。

后来，王凯最终还是试着跟张晨交流了一下。结果，多年的积怨一扫而光，他们再次成了朋友。因为不再刻意回避张晨，他的事业也更加顺利，并再次升了职。

男孩们，原谅的过程也是解脱的过程，我们何乐而不为呢？

1. 何必为那么多琐事较真

生活中我们会经历很多事情，如果凡事我们都要较真，那人生岂不是活得很累。在这个过程中，不仅自己变得异常痛苦，同时还会让对方有受侮辱的感觉。所以，看开点，只要不触及太大的问题，小事情还是以宽容和原谅为本，这样也避免了在和他人置气过程中自己受到伤害。

2. 人都是不完美的

每个人都有一定的缺点，不可能事事做的完美无瑕，所以，有的时候也是他人的无心之失。如果面对他人的道歉还是斤斤计较，无法释怀的话，那么就太过于“小心眼”了。因此，坦荡一点，淡然一点，这样你的生活才会更加的舒心。

心理悄悄话

男孩们，有句话说得好，“仇恨，只能产生新的仇恨”。是的，如果总是把一些矛盾埋在自己的心里，那么这个人就会变得越发的沉重压抑，并且会给周围的人带来消极的影响。而放下、原谅，则是一种积极信号，能够让正能量相互传递，最终达到圆满。

嫉妒，是人的一大天敌

嫉妒心理在生活中是很常见的，比如说，当一群人在夸赞某一个孩子很优秀的时候，另外一个孩子心里会很难过、生气、甚至有可能去伤害他人，其实这就是一种嫉妒心理。面对自己的不足，不同的人有着不同的改善方法。有的人看到自己的不足与他人的差距之后，就会非常努力地去提升自己，让自己变得与别人一样优秀；而有的人就会产生极大的嫉妒心理去伤害他人、诽谤他人。嫉妒是一种心理疾病，它会把人们引向人生的沼泽。所以说，男孩们，与其去嫉妒，不如多花时间去强大自己，这样才是一种健康向上的生活态度。

孙膑和庞涓是师出同门的师兄弟，共同拜师于鬼谷子，两人一起学习兵法。

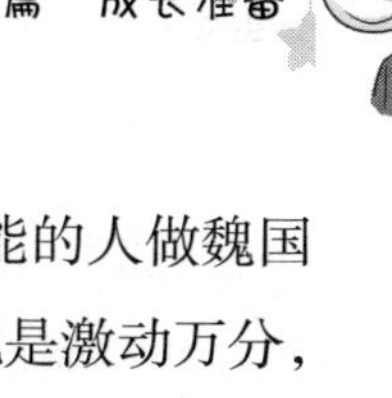

后来，有消息传出，魏国国君要招贤纳士，希望能得到一名有才能的人做魏国的将相，前途可谓是一片大好。当庞涓听到这个消息的时候可以说是激动万分，他已经厌倦了长时间在深山学习兵法的日子，而且感觉自己已经学到了一身本事，可以下山历练了，更何况是面对如此好的前景。而此时孙膑觉得自己学业尚未精熟，仍需进一步深造，所以他表示继续留在山上磨炼自己。

下山之后，庞涓便只身一人去了魏国。见到魏王，庞涓与魏王深切地交谈起来，并阐述了自己在军事方面的独特见解，他的思想深得魏王的喜爱，慢慢受到了魏王的赏识。在这期间，孙膑却仍在山中跟随先生学习，他原来就比庞涓学得扎实，加上先生见他为人诚实、正派，又把秘不传人的兵法让他细细地学习、领会，因此孙膑此时的才能远远超过了庞涓。一段时间过后，山下来了一位魏国使臣，带着丰厚的礼物和崇高的礼节来迎取孙膑下山。孙膑受到老师的鼓励，于是秉承师命，随魏国使臣下山。

到了魏国，孙膑便住到了庞涓府里。从表面上来看，庞涓对于师兄的到来表现得非常高兴，可是内心里，他却极其紧张、不安，他担心有朝一日孙膑一定会夺走属于自己的一切，成为魏王最赏识的人。又得知自己下山后，孙膑在先生的教诲下，学问、才能更高于从前，更是十分嫉妒。同时，由于魏王十分器重孙膑，更使庞涓产生了危机感，于是他下定决心：一定要除掉孙膑。孙膑是齐国人，他仿照孙膑的笔迹写了一封思念家乡、急于离开魏国的家书呈给魏王以栽赃孙膑，魏王大怒，孙膑被处以膑刑。庞涓假意收留了孙膑，这让孙膑感激涕零，实际上庞涓是想监禁孙膑。最后孙膑知道了事情的真相，他对此感到非常担忧，于是心生一计，装疯并伺机寻找逃出庞涓府邸的机会。庞涓技不如孙膑，多次试探之后认为孙膑是真的疯了，从此，随着时间的推移，庞涓对孙膑也就慢慢放下心来，对他的监视也松懈了许多。过了一段时间之后，当初了解孙膑的才能与智谋、向魏王推荐孙膑的墨翟将孙膑的境遇告诉了齐国大将田忌，又讲述了孙膑的杰出才能，田忌把情况报告了齐威王，齐威王要他无论用什么方法也要把孙膑救出来，为齐国效力。因此，田忌就派人到魏国，趁庞涓疏忽之际，在一个夜晚，先用一人扮作疯了的孙膑把真孙膑换出来，脱离庞涓的监视，然后快马加鞭迅速载着孙膑逃出了魏国。

从此以后，庞涓内心的嫉妒和愤恨与日俱增，他把孙膑当作是最大的威胁，每时每刻都盼望着有机会能置孙膑于死地。最终，庞涓在马陵道之战中中了孙膑的埋伏。万箭之下，庞涓无路可逃，自杀身亡。

男孩们，嫉妒是人的一大天敌，它能让人丧失本性，变得疯狂。往往一个有着严重嫉妒心理的人，他是以恨人开始，以害己而告终的。远离嫉妒吧，否则受害最大的只有你自己。

①待人真诚一点，学会站在他人角度思考问题，为他人着想，多一点交流多一点情感；

②不要总是比较他人，做好自己，争取每一天都是进步的；

③心胸豁达，做一个宽容的人，一个快快乐乐的人；

④向对方公开展示自己的抱负，提高自己在对方心目中的地位，给自己增加压力，利用竞争督促自己上进；

⑤懂得赞赏，懂得学习，每个人都有值得借鉴的地方；

⑥把别人的成就看成是对社会的贡献，而不是对自己的剥夺或威胁，将别人的成功当作一道风景线来欣赏；

⑦让自己的生活多一点美好，不断充实自己，发现自己的闪光点，不断发扬；发现自己的不足，学会改变。

心理悄悄话

男孩们，在家里我们是家人的宝贝，享受着无限的关爱和保护，但是我们要知道不能因此纵容自己，否则极易养成以自我为中心的心理，总是想着霸占一切美好。我们要学会分享，学会为他人着想，这样才是一个人见人爱的男孩。

给他人一个改过的机会

人非圣贤孰能无过，我们都是普普通通的人，所以，谁都有可能会犯错误。面对他人的一些小小过失，面对他人诚恳的道歉，我们是选择长久记恨还是一笑而过呢？其实，很多事情是可以被原谅的，一个淡淡的微笑，一句轻轻的歉语，便可以带来包涵和谅解。对他人的包容，就是对自己的善待。包容是一种幸福，在饶恕别人的同时，给了别人机会，也取得了别人的信任和尊敬。所以说，包容是一种无形的幸福。

朝阳升起之前，庙前山门外凝满露珠的春草里跪着一个人："师父，请原谅我。"他是某城的风流浪子，20 年前曾是庙里的小沙弥，极得方丈宠爱。方丈将毕生所学全数教授，希望他能成为出色的佛门弟子。他却在一夜间动了凡心，偷偷下了山。五光十色的城市遮住了他的眼睛，从此花街柳巷，他只管放浪形骸。

夜夜都是春，却夜夜不是春。20 年后的一个深夜，他陡然惊醒，窗外月色如洗，澄明清澈地洒在他的掌心。他忽然深深忏悔，披衣而起，快马加鞭赶往寺里。

"师父，你肯饶恕我，再收我做弟子吗？"方丈深深厌恶他的放荡，只是摇头。"不，你罪过深重，必堕地狱，要想佛祖饶恕，除非——"方丈信手一指供桌，"连桌子也会开花。"浪子失望地离开了。

第二天早上，方丈踏进佛堂的时候，惊呆了：一夜间，佛桌上开满了大簇大簇的花朵，红的、白的，每一朵都芳香逼人，佛堂里一丝风也没有，那些盛开的花朵却簌簌急摇，仿佛是焦灼的召唤。

方丈在瞬间大彻大悟。他连忙下山寻找浪子，却已经来不及了，心灰意懒的浪子又重堕入他原本的荒唐生活。

而佛桌上开出的那些花朵，只开放了短短的一天。

是夜，方丈圆寂，临终遗言：这世上，没有什么歧途不可以回头，没有什么错误不可以改正。一个真心向善的念头，是最罕有的奇迹，好像佛桌上开出的花朵。而让奇迹陨灭的，不是错误，是一颗冰冷的、不肯原谅、不肯相信的心。

曾经有一个男孩，从小家里条件比较艰苦，但是他却有着一颗朴实善良的心。小时候就喜欢广交朋友，可以说是一位懂得患难与共、十分讲义气的好哥们。

讲究哥们义气，在年少轻狂的年纪极易因冲动而犯下错误，他也没有例外。有一次，朋友在外面受了欺负，他气不过，领着人冲了出去。气出了，他也因此被送进了班房。拘留所里的他后悔不迭。

面对着当前的环境，看着落魄的自己，他感觉人生就要完了，此刻的他非常绝望，但出乎意料的是他被放了出来。后来，他才知道，按照法律的硬性规定，他可能要被关更长的一段时间，但处理此事的一位老同志看他还年轻，不愿就此毁了他的前程，于是就给了他一个改正的机会。

在走出拘留所的时候，那位解救他人生的老同志对他说：“小伙子，错有轻重，你要看清楚事态的严重性，这种错误一次就足够了。你的人生还有很长的路，切记走好以后的每一步。”

此刻他非常惭愧，使劲点头，心中暗自发誓，一定好好改过，对得起老同志给的这个重生的机会。

二十年的时间飞逝而过，曾经的年轻人早已不再那么冲动，心态愈加成熟，前行的脚步也更加沉稳。几番磨砺，他成功了，创立的企业以惊人的速度成长，成为行业的佼佼者。他——就是蒙牛集团老总牛根生。

男孩们，给他人一个改过的机会对于彼此都是一种好的解脱，或许可以改变人们的一生。每个人都应该拥有一个被宽恕的机会，而我们每一个人也都应该珍惜别人对自己的谅解和包容。

1. 相信他人能够悔改

俗话说：“浪子回头金不换。”只要有一颗真正懂得悔改的心，其实很多错误是可以原谅的，因为我们生活中很多都是一些磕磕绊绊的小事而已。对待那些迷途知返的人，也应该以一颗宽容的心对待他们，这样更利于人与人之间友谊的长久。

2. 相信自己内心足够宽阔

相信自己，不会为一些琐事叨扰，相信自己，不会因小事而斤斤计较，因为你是一个心怀宽广的人。宽容是一种心态，也是一种气度，斤斤计较的狭隘之心必然处处失人，处处失事。

心理悄悄话

很多时候，做人就像做事一样，有的时候要以退为进，给别人机会，且暂时的退却并不代表落后，而是为了取得更大的前进。

学会忘掉那些不愉快

很多时候，对于一些比较快乐的事情我们可能会容易忽略或者忘记，但是对于一些痛苦的回忆却久久不能释怀，一直放不下。其实，只是我们的内心还不够宽阔，忘记一些不愉快的事情，对于全身心的放松是一件很重要的事。

此外，很多人在生活中遇到问题极少反省自己是不是有什么过失，检讨自己的行为，总是习惯于埋怨对方，认为自己才是受伤的一方。其实这样导致的结果只会越来越糟糕。如果社会中的每个人都能够试图将对方的不足及自己的欲求尽量遗忘，多多检讨自己并改善自己，那么，彼此之间将会产生良性的互补作用。

听过这样一个故事。一个女生自己有三件礼物，她送给了她的一个好朋友，并告诉朋友希望他也能送给对自己重要的人。她的好友自己留下一份作为纪念，其余两份礼物他送给了平日里比较严肃而且总是挑剔的领导。因为他觉得由于上司的严厉使他多学到许多东西，同时他还希望他的上司能将礼物送给另外一

个影响他生命的人。

当领导收到礼物的时候还是非常吃惊的，因为在他看来大多数下属都对他比较疏远。可能是自己为人处世比较严苛的问题，所以他觉得很正常。更让他想不到的是，他的这位下属竟然会感念他严格苛刻的态度，并把这当作是正面的影响而向他致谢，这使他的心顿时柔软起来。

领导拿到礼物之后，自己的心沉静了下来，若有所思地坐在办公室里，而后他提早下班回家，把他的礼物转送给了正值青春期的儿子。其实，他觉得自己和儿子的代沟太深，平日里总是忙于工作，忽视了儿子，而且时常责备儿子做得不够优秀。那天他怀着一颗歉疚的心，把礼物送给儿子，同时为自己一向的态度道歉，他告诉儿子，其实他的存在带给他这个父亲无限的喜悦与骄傲，尽管他从未称赞过他，也少有时间与他相处，但是他是十分爱他的，也以他为荣。

话音刚落，儿子就忍不住的大哭起来。儿子告诉他，他感觉爸爸很讨厌他，看不到自己的优点，感觉自己的人生没什么希望，想离开这个家。这位爸爸吓得出了一身冷汗——自己差点失去了独生儿子而不自知。从此，这位领导改变了自己的态度，调整了生活的重心，也重建了亲子关系，加强了儿子对自己的信心。就这样，整个家庭因为一份小小的礼物而彻底改变。

故事里的一份礼物传达了彼此间没有表达出来的赞美和喜爱，说明当事人已遗忘了相处中所受的那些难过和责备，忆起别人带给你的幸福和好处。而收到礼物的那个人更能被你感动，看到你的心灵之美，他会更爱你、助你。学会遗忘，遗忘他人的过失，遗忘彼此的矛盾，这是一种胸怀，也是一种快乐的传递。

1. 耿耿于怀难受的是你自己

很多事情，不管谁对谁错，时间久了受折磨的还是那个耿耿于怀不肯忘怀的人。所以说，不开心的事情就过去吧，过于纠结和在意只会让自己更伤悲。男孩们，我们都是小小男子汉，相信我们的内心都会变得越来越宽广。

2. 转移自己的注意力

转移注意力的方法对于调节人们的情绪有着很重要的作用。如果心里放不

开一些事情，那就让自己忙碌起来吧，闲暇的时候多去参加一些集体活动，也可以去健身锻炼，也可以多读书陶冶情操，采取这种暂时回避的方式，慢慢的随着时间流逝，很多事情也就忘记了。

心理悄悄话

大家不知道是否经历过这样的事情：有些人记忆“好的”过分，对于生活中与谁产生了矛盾及烦扰的事情记得清清楚楚，从而纠结、难受，无法忘怀；有些人却很容易看得开，当你提及之前发生的不愉快和磕磕绊绊的事情时，他已忘到九霄云外。不同的人不同的心境，学会遗忘不愉快，学会放宽自己的心，这就是一种气度。

第 10 章　独立思考
——发散思维，方法总是比问题要多

只要你肯思考，方法总比问题多，因为人类有着强大的思维能力。男孩们，有时候你会觉得解决问题的步骤很复杂，恰恰说明你思考得太简单。其实很多问题直路不一定能直达，弯路不一定会绕远，做事情还是要懂得多角度思考问题，发散自己的思维，这样在你看似不可能的想法，也许就是答案的藏身之处。

不要让思维定势禁锢

思维定势，也就是所说的“惯性思维”，在一定意义上来说，思维定势是束缚创造性思维的枷锁。生活中，惯性思维对人们的影响比较大。其实，惯性思维在我们生活中的绝大部分表现为习惯。思维定势会严重阻碍人们的发展与创新，及时的打破思维定势，才能取得更大的突破。

莫扎特和海顿都是非常著名的音乐大师，同时他们也是关系密切的好友，平日里两人常常聚在一起交流各自对音乐的理解和看法。有一次，莫扎特新谱了一首钢琴曲，这首曲子的难度特别的大，于是他就去找海顿一起交流。海顿看完莫扎特的这首钢琴曲，有些疑惑地说：“这首曲子根本无法弹奏出来，你看当你两只手在钢琴的两端弹奏时，突然出现一个钢琴中央的音符，你总不会有第三只手来弹奏吧！”

这时候看到海顿疑惑的表情，莫扎特笑了。于是他拿着乐谱在钢琴前弹了起来，当弹奏到这个中间音符时，莫扎特低下头用自己的鼻子敲击了那个琴键，

完美地演奏出了这首曲子，使得一旁的海顿赞叹不已。

一首难度极高的曲子，在海顿看来是不可能弹奏出来的，因为没有第三只手。可是我们想不到的是莫扎特竟然用鼻子去敲击琴键，这完全突破了人们普通的思维方式，让这一首难度极高的曲子完美的呈现了出来。

男孩们，在遇到问题时，如果按照常规的方法无法解决，我们为何不去拐个弯，换一种思维呢？成功者善于使用经验，他们也更懂得如何让自己突破思维定势的怪圈，遇事能够具体问题具体分析，避免头脑以瞬间的定势反应，让自己犯下因循旧路的错误。

一次，吕班受命潜入一位公爵的家，去偷取一份重要的外交信件。

当夜，吕班拿到了这封信件，刚要离开公爵的房子时，听到楼下有人走动。是公爵回来了，怎么办？从楼里冲出去，不但会暴露自己的身份，而且信件也保不住；跳窗逃走吧，窗下是一条河，跳到水里会弄湿信件。正在这时，他看见对面楼房的窗口外，他的帮手正等着接应他。于是，他站到窗外，探身，伸手把信件递过去，遗憾的是就差一点儿，对方接不到信。此时又没有棍子或绳子一类的东西可以利用。在这紧急关头，聪明的吕班灵机一动，想出了一条妙计，结果他只用了十几秒钟，便把信件稳妥地传给了他的帮手。然后，他跳入河中，安全离去。

吕班是怎样把信件传给他的帮手的呢？原来，吕班在危急中撇开了用手传信的习惯思路，想到了运用比手臂长的腿和脚。他用脚趾夹住信件，把脚伸向他的帮手，对方也照此行事，信件就巧妙地传递过去了。

这个方法可能大家会觉得很简单，但是在危急时刻你能想到吗？事实证明吕班的这一举动确实带来了不同寻常的意义，取得了最后的成功。这就是敢于打破常规，突破思维定势，创造性解决问题的一个很成功的案例。

1. 更新陈旧观念，解放思想

“天下乌鸦一般黑啊！”“是啊，从小大家都这样说。”“是的，书本上也是这样记载的。”事情真是这样吗？可是国内外有许多报刊报道说，在世界不少地方都发现了白乌鸦。这是千真万确的吗？为什么直到现在才发现白乌鸦？究其原因，就在于“爷爷告诉的”“书本上写的”等旧观念束缚了世人

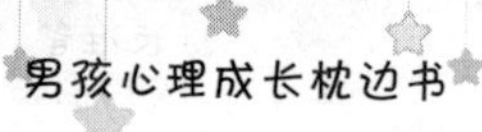

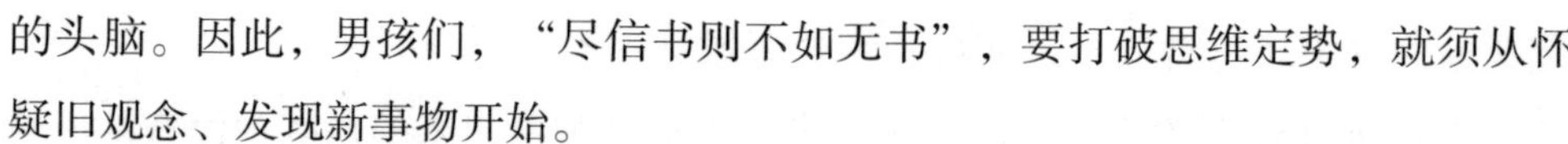

的头脑。因此，男孩们，“尽信书则不如无书”，要打破思维定势，就须从怀疑旧观念、发现新事物开始。

2. 多想，多尝试

前人留下的经验就是真理吗？我们难道就要依靠经验，忽视自己的思维吗？男孩们，学习中何尝不是如此啊！在做习题的时候，我们可能会更多的依赖一些总结的方法。其实，自己遇到难题时，多去思考一下，多尝试着去钻研一些“另类”方法，或许你就能拓展更多的解题思路。

心理悄悄话

男孩们，我们现在还处于学习阶段，学习中切忌思维定势，不要钻牛角尖，一定要懂得独立思考，换个角度解决问题，这样你才能更简单的突破难关。

大脑拐个弯，定会豁然开朗

大多时候，人们总是把自己逼到一个问题的角落里，苦苦钻研，可是怎么也找不到出路，与其如此，为何不选择动动脑筋转个弯呢？多一种思路，就多一条出路。思路转变人生，观念影响前途。任何失败起初就是因为产生了一个坏的思路。基于现状，你必须要有一个很清晰的思路。思路直接影响着你将要做的，而你所做的又将决定你未来的发展。男孩们，请记得：很多事情我们确实是无法改变，可是我们可以改变自己，改变我们的思路。

曾经有一家公司，他们主要做牙膏生意，多年来，该公司的产品不论是包装还是质量都做的非常优秀，一直以来都深受大众喜爱。公司的成绩非常显著，每年的营业额蒸蒸日上。记录显示，前 10 年，每年的营业额增长率为

10% ~ 20%。这令董事会兴奋万分。

可是，接下来的三年公司的销售业绩却停滞下来，效益非常不好。因此这种状况引起了董事会的担忧与不满，便召开经理级以上的高层会议，商讨对策。

开会的过程中，有位年轻经理突然站起来，对总裁说："我手中有一张纸条，纸条里有个建议，若您要采用我的建议，必须另付我5万美元。"

总裁听了很不高兴，他说："你不觉得你这样说太无礼了？我按月给你薪资，此外还包括奖金与分红，现在一起开会出谋划策是你的职责所在，你竟然还要求额外给你5万美元。""总裁先生，请别误会，您支付我的薪水，是让我平时卖力为公司工作，但这是一个重大而又有价值的建议，您应该支付我额外的奖金。若我的建议行不通，您可以将它丢弃，1分钱也不必支付。但是，您损失的必定不止5万美元。"年轻的经理解释说。"好，我就看看它为何值这么多钱？"总裁接过那张纸条，阅毕，马上签了一张5万美元的支票给了那个年轻的经理。那张纸条上只写了一句话："将现在的牙膏开口直径扩大1毫米。"

总裁决心放手试一下，于是命令各部门开始行动起来。换新包装之后，消费者每天刷牙就多用直径扩大1毫米的牙膏，每天牙膏的消费量将多出多少倍呢？这个决定，使该公司第14年的营业额增加了32%。

男孩们，看到了吧，大脑转个弯，这样一个小小的思维转变，却能获得意想不到的效果，这就是思维力量的强大。我们要学习这位经理敢于突破常规，多动脑，转变思维模式的思想，或许你就会很快从传统的思维中探索出一条新的道路，那么你打开的这"1毫米"的思维将会给你带来不一样的结果！

1. 多去想，懂得变通

人有着灵活的大脑，所以遇到事情不要总是一根筋，学会变通才能有所突破。做事情要灵活地处理问题，如果这个方法不行，我们可以选择另一种方法，不要太死板，具体问题必须要具体分析。否则，前面已经是万丈深渊了，难道还要跳下去？

2. 要有怀疑的精神

"前辈谓学贵有疑，小疑则小进，大疑则大进。"怀疑的精神对于产生创造性的思想是非常重要的。男孩们，我们的大脑中要时刻存在一个问号，敢于

质疑，发表自己的看法，这是提升创新能力的重要一步。

心理悄悄话

随机应变，灵活变通是一种智慧，这种智慧让人受益。我们要记住的是：任何事情，要是都能用积极的心态、多换几个角度去思考问题，肯定都会有通融的办法。“红灯亮了绕道走”——学会多角度灵活地看待、处理问题，生活会因此而大放光彩的！

问题其实不难，只是你不懂思考

很多时候，我们总是抱怨，抱怨面对的问题太难，根本没法解决。可是，我们为何不从自身找原因呢？前方的路是靠我们一步步走出来的，那好的想法和解决思路也是靠我们一点点想出来的。没有什么“不可能”，只是我们不懂得思考，只是我们“没想到”罢了。不管是生活还是学习，我们都会遇到这样那样的问题，其实很多问题并不难，是我们不会思考，开动脑筋，转个弯，或许一切将会豁然开朗。学会思考吧，也许有一天你也会发明前人不曾敢想的事物，你也会创造一个新的奇迹。

李莉和张潇是从小的好朋友，平日里经常在一起，但在学习的问题上她们却走着不同的路线。李莉擅长做理科题，她不仅善于做题，而且是喜欢做题。李莉自己曾经说过，越是难做的题，越是别人都做不出来的题目，她反而越会愿意去想。

和李莉相反，张潇并不喜欢思考，有不懂的就直接找李莉去问。

尽管李莉并不保守，把她所能想到的全盘拖出，尽管张潇也很聪明，李莉

一讲她就明白了。奇怪的是，张潇的成绩却始终不会高过李莉。

张潇以前听爸爸说，人的大脑要持续运转才行，如果长时间不用，就会变迟钝。李莉的大脑是经常思考问题的，所以变得越来越活跃，以至于经常想到常人想不出来的方法。张潇也想变得和李莉一样，变得爱思考。

张潇想，今后再有不会的题目，要先自己去思考，如果实在是想不出来，再去问李莉吧。虽然张潇羡慕李莉的脑瓜，不过那是后天修炼来的，所以张潇也要让自己变得更聪明更有能力。

是啊，如果只是寻求他人的帮助，不懂得独立思考，那么我们的思维就会受到越来越大的限制，久而久之，什么问题也解决不了。男孩们，时刻记得：思考会让你的大脑越来越灵活。

爱因斯坦对为他写传记的作家塞利希说："我没有什么特别才能，不过喜欢寻根究底地追问问题罢了。"在这个寻根究底的过程中，最常用的方法就是用脑思考。他自己深有体会地说："学习知识要善于思考、思考、再思考，我就是靠这个学习方法成为科学家的。"

达尔文说："我耐心地回想或思考任何悬而未决的问题，甚至连费数年亦在所不惜。"

牛顿说："思索，持续不断地思索，以待天曙，渐渐地见得光明。如果说我对世界有些微薄的贡献，那不是由于别的，只是由于我的辛勤耐久的思索所致。"他甚至这样评价"思考"："我的成就当归功于精微的思索。"

男孩们，看完这些名人的经验，我们应该明白思考的重要意义。思考会让你学会主动地去发现问题、分析问题、解决问题，在这个过程中你的思维将会得到很大的提升。思考是一个人有所创造最重要、最基本的心理品质，独立思考是创新思维的助手。所以，养成独立思考的习惯，是成大事者必备的条件。

1. 敢于质疑

很多人总是对一些所谓的权威表示盲目崇拜，其实，学习知识要不唯书、不唯上、不迷信老师和家长、不轻信他人。要保持内心的好奇心和求知欲，敢于说出自己的独特见解，这是提升创新能力的重要一环。

2. 不要被困难吓倒

考试的时候很多人看到题目，脑海中总是出现“太难了，我肯定解答不出来”这种悲观消极的思想。男孩们，遇到难题我们首先不要被吓倒了，你不去思考，不去一步步的解析，你怎么知道不会呢？就算你没解答到最后，但是这个开动脑筋解答的过程却极好的锻炼了你的思维能力。所以说，不要紧张，也不要放弃，只有思考才能寻找到问题的出路。

心理悄悄话

男孩们，学习中我们可以尽可能多地给自己提一些“假如……”“如果……”“否则……”之类的问题，这样能强迫自己换另一个角度去思考，想自己或别人未想过的问题，必定收获不一样的效果。

事情太多？那就先做最重要的

我们平日里可能会遇到这样的场景：有些人整天忙来忙去，可总是忙不出什么结果；有的人看似比较清闲，却事事处理的非常到位。大家想一想，为什么同样是一天，不同的人收到的却是不同的效果呢？其实，有时候生活中事情太多，会把一部分的人搞的焦头烂额，思绪已经乱的不知从何处梳理，这个时候我们就要学会先弄清楚哪件事才是最重要的，把最重要的事情先做好，这样才能有条不紊地去完成自己的任务，让思绪保持清晰。

男孩们，我们在不断成长的过程中，视野也会变得越发开阔起来，与此同时，生活中面临的问题也会不断增多，甚至有时候会遇到一些措手不及的事情。置身于其中，我们有时真的会感到眼花缭乱，但这些事情又都与我们有关，都必须去处理。因此，我们需要保持清醒的头脑，不能乱了分寸，我们要相信方

法总比问题多，分清主次，逐步攻破各个难关。

上课铃响，老师走进教室，这时同学们看到老师像是要给大家做实验的样子。老师的手里拿着两样东西，一个是大口的玻璃瓶，另一个是一袋小石块和沙子。这时候，老师将石块一块一块地陆续放进瓶子里，直到石块达到瓶口的位置，看上去再也放不下任何一块石块的时候，这位老师开始向他的学生们抛出问题："瓶子是否已经被塞满？"。

这时学生们齐声大喊"满了"，可是老师却一言不发，默默地把那些小的石块倒进了玻璃瓶里，并不断地敲击着瓶子的玻璃壁，以便于小石子能够更充分地填满石块间的间隙。"同学们，现在呢？"下面的学生已经明白了其中的道理，都说着"没有"之类的话。很多的学生给出了全新的答案。

"说的好！"接下来，老师又拿起沙子完全地倒入了玻璃瓶。沙子填满了石块和砾石间的所有间隙。这时候同学们还是说："没有满"，最后老师拿出一杯水将它全部倒进了玻璃瓶，水面刚好到达瓶口的位置。

老师的实验这时候宣布结束了，整理好所有的器具和材料，老师提出了这样一个问题："同学们，你能从实验中得出什么道理呢？"一个学生很快地举起手发言："它告诉我们，无论你的时间表已经安排得多么紧凑，只要你真的肯再加把劲，就还能够挤出一些时间去做更多的事情。""很有道理。实验能给人带来很多方面的启发，但是本次实验老师的初衷是为了告诉大家另外一个道理。那就是如果你没有先把那些石块放进瓶子里，那么等到所有的东西都被陆续放进去的时候，你就再也无法把那些最大也是最重要的石块放进去了。同学们，你知道自己生活中的'石块''小石子''沙子'各是什么吗？想必只有你自己最明白。老师只是提醒你们应该首先处理好这些'石块'，否则你将一生都与它擦肩而过，那么就只剩下后悔和抱怨了。"

男孩们，随着我们渐渐长大，我们要处理的事情将会更多，这时候就要看我们的大脑是否灵活，思维是否清晰，能够懂得合理安排各项事宜。男孩们请记住，如果感到头绪混乱，不知如何下手，那就先把最重要的事情做好，久而久之，你就会在不自觉中做成自己想要做的事。

1. 学会合理安排时间

男孩们，如果你感觉自己找不到头绪，面对一堆问题感到紧迫，不妨合理利用晚上的时间。每天的前一晚我们可以好好思考一下明天的任务是什么，如果记不住也可以把事情记在本子上，依“重要性”和“紧迫性”加以排列。

2. 有时候不妨试试下面的点子来处理事情

不要想把所有的事情都做完；手边的事情并不一定是最重要的事情；如果你已经把最重要的事情都做完了，那么，剩下的事情可以明天再做。

心理悄悄话

男孩们，我们已经是十几岁的小少年了，我们应该有自己的想法和处事的主意，遇事保持积极乐观的心态，稳妥而又分清主次的做好每一件事情。

创新，思维的最高境界

一家优秀企业为适应形势发展需要进一步扩大经营规模，准备高薪诚聘营销主管一名。消息传开，参加应聘的人可谓是人山人海。面对如此多的应聘人员，经理说：“我们现在需要的是一名各方面素质极为优秀的营销人才，此刻我为大家准备的是一道实践性的试题：想办法把木梳尽量多地卖给和尚。”题目一出，有的人感到困惑，有的人感到愤怒，有的人感到不可理喻……没过多长时间，应聘者就只剩下了三个人。此时，招聘经理对这三个应聘者交代：“以十日为限，届时请各位将销售成果向我汇报。”

转眼间十天就过去了。

这时第一个人来到经理办公室，经理问：“你卖的如何呢？”他说：“只卖出去一把。”“怎么卖的？”他如实的把过程中的艰辛与和尚们对他的批判

告诉了经理。幸运的是在下山途中，他遇到一个小和尚正在一边晒太阳，一边使劲挠着头皮。他灵机一动，赶忙递上了木梳，小和尚用后满心欢喜，于是买下了一把。

紧接着第二位走进了办公室，经理问了同样的问题。他告诉经理卖了10把。他说这几天去了一座古寺，那里有很多进香的人，可是山上风挺大的，吹得进香者的头发都凌乱了。他找到了寺院的住持说：“蓬头垢面是对佛祖的不敬，应在每个殿堂的香案前放把木梳，供善男信女们梳理鬓发。”住持采纳了他的建议。那个古寺共有10个殿堂，于是他买下了10把木梳。

第三位进去之后，他的回答让经理大吃一惊，他竟然卖出去了1000把梳子。他说他打听到了一处颇具盛名的、香火极旺的深山宝刹，那里每天朝圣者如云，施主络绎不绝，他对住持说：“凡来进香朝拜者，都有一颗虔诚之心，宝刹应有所回赠，以作纪念，保佑其平安吉祥，鼓励其多做善事。我有一批木梳，您的书法超群，可在上面写上‘积善梳’三个字，作为赠品赠给进香朝拜的人。”住持听到感觉非常有道理，立即买下了1000把木梳，并请他小住几天，共同出席了首次赠送“积善梳”的仪式。得到“积善梳”的施主与香客，十分高兴，于是他们互相传颂着这一份美德，前来拜佛的人也就越来越多，寺里的香火也更旺了。除此之外，主持还恳请他帮忙再买一些更多品种的木梳，希望得到不同类型施主的喜欢。

男孩们，试想一下，当听到要把木梳卖给和尚的时候，或许我们也会觉得这是一件荒唐事，可是这种荒唐还是有人能够做到，把“不可能”变成了“可能”，这就是思维的力量。我们总是把梳子看作是梳头发的工具，固然在这一点上根本无法与和尚联系起来。但梳子除了梳头的实用功能外，它还有其他的附加功能，多数人是达不到这一层次思维的，这就是创新思维。在别人认为不可能的地方开发出新的天地，需要激发创新思维潜能，激发大脑正能量。否则，一切条件就算是再有利，也会因为我们缺乏创新力而与我们失之交臂。

1. 充满幻想

幻想对于推动思想的进步有着极大的意义。只有敢于去想，敢于在脑海中绘制那个奇特画面，才能够更好地把你的想法付诸实践。男孩们，你们现在还

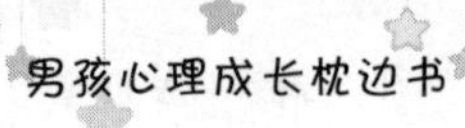

处于喜欢幻想的阶段，要珍惜自己的这一宝贵财富。幻想是构成创造性想象的准备阶段，今天还在你幻想中的东西，明天就可能出现在你创造性的构思中。

2. 培养创新精神

面对问题，我们不应该总是被束缚在老套的思想里，可以借鉴经验，少走弯路，但是我们也要懂得自己去开创一些新的方法。男孩们，解决问题的方法有很多，不要仅仅局限于那些约定俗成的知识，要敢于发现、探索、创新，那么你的思路才会更加开阔。

心理悄悄话

落后就要挨打，创新才能突破。懂得创新的人不会永远跟在别人的后面走路，那些勇于探索、大胆创新、另辟蹊径而走出属于自己路的人，他们的成功往往叫人惊叹。因此，男孩们大胆一点，发散自己的思维，做一个创新型少年吧！

善于用逆向思维解决问题

一位老奶奶今年刚刚退休，她想远离现在的生活环境，回到老家的一个小城里。于是她买下了老家一座房子，打算长期住在这里，撰写回忆录，安静地度过晚年。

在这里住了一段时间，老奶奶感觉非常的高兴，这里环境清幽，也不吵闹，除了日常生活，自己就一个人沉浸在写作中，因此整个人感到非常的幸福。可是没多久，幽静的环境被意外地打破。窗外总是有踢球的噪音、呐喊音，影响了老奶奶的精神和写作。因此老奶奶感觉有点心烦，想着怎么恢复原来幽静的生活环境。

后来得知，在这里吵闹的原来是一群小孩子，他们发现这个地方之后，每天下午放学都约好来这里玩耍。

老奶奶看着，听着，心里有点着急，这可怎么办呢？这几个小孩子在这里玩的这么愉快，假如直接制止他们，肯定会让他们不高兴，这个年纪的孩子，越是阻止肯定越是跟你作对。于是，她启动逆向思维模式，想出一个办法。

老奶奶走出房门，招呼过来这群小孩子，对他们说："孩子们，你们在这里真的好热闹啊，我真的非常开心，如果每天都能看到你们在这里玩耍，那该多好啊，我就不孤单了。你们要是每天都来玩的话，我每天给你们每人一块钱。"

在这里玩耍还能给钱？这真的是太好了，这几个孩子感到很兴奋，于是更卖力气地展示他们的腿脚功夫。

三天过去了，老奶奶面带忧虑的对孩子们说："现在通货膨胀得厉害，我的收入没以前那么多了，只能少给一些，所以孩子们，以后我只能每天给你们五毛钱了。"

听到这个消息，孩子们感到好失落，但还是勉勉强强地答应了。于是每天老奶奶还是能听到他们踢球的声音。

一星期之后，老奶奶好像更不开心的样子，她对孩子们说："孩子们，我都好久没有收到养老金了，最近生活比较困难，所以每天我只能给你们两毛钱了。"

孩子们听到就很不高兴了，这次感觉非常失望，于是他们生气地说："每天只给两毛钱，我们才不要那么费时间费体力的表演给你看呢！"

从此之后，孩子们再也不来踢球了，老奶奶又重新恢复了原先安静的生活，每天静静地写书，感觉生活非常美好。

其实老奶奶并没有出现她所说的资金短缺现象，她只是分析了青春期男孩的心理，知道他们有逆反心理，如果苦口婆心劝说，反而会使他们更顽皮。于是，她制定出一个迂回战术，采取逆向思维，从反面下手。如此一来，老奶奶就顺应着孩子们的心理，让他们闹腾，另外还用钱来鼓动他们。少年在金钱的刺激下，不知不觉中，把兴趣变成了谋利的表演。之后，老奶奶开始逐步减少金钱。当少年觉得费用和表演不匹配时，感觉到吃了亏，便自动终结了表演。

男孩们，如果一件事情你正无法解决，那就不要硬来，可以反方向的去解决，说不定事情的结果就会朝着自己所希望的意愿发展。

1. 培养发散思维

我们思考“砖头有多少种用途”，至少有以下各式各样的答案：造房子、砌院墙、铺路、刹住停在斜坡的车辆、作锤子、压纸头、代尺划线、垫东西、搏斗的武器等，这就是发散思维。男孩们，在学习中解决问题的时候，要多方面考虑还有没有其他的方法，而不是局限于一个答案，要善于多渠道、多方法地去处理。

2. 勤于实践，不断总结

男孩们，我们平时应该学会观察，学会总结，多看看别人是怎么做的，从中吸取一些经验。多去做一些发散思维的数学题，多角度考虑问题；多去读一些关于思维方面的书籍以及趣味故事书，慢慢的提升自己。

心理悄悄话

人们习惯于沿着事物发展的正方向去思考问题并寻求解决的办法。其实，对于某些问题，尤其是一些特殊问题，从结论往回推，倒过来思考，从求解回到已知条件，反过去想或许会使问题简单化。

下 篇 | 成长历练

第 11 章　自律自控
——不能掌控自己的人休想征服世界

自控能力也就是我们所说的自制力，它对于每个人来讲都是优秀的品质，并且对一个人的发展也起着不可小觑的作用。自控力就像刹车，没有它，再好的汽车也可能会出事故。所以说，自制力是我们必备的一种品质。男孩们，生活中有很多欲望驱使着我们，可能会让我们忘记自己的原则，也可能会使我们因为一时冲动而做出不可弥补的错事，这时候我们就要懂得克制住自己，把握好分寸，征服自己的内心，这样才能更好地战胜自我、超越自我。

小心掉进欲望的旋涡

在生活中，我们会遇到各种各样的诱惑，不论是金钱、利益还是情感、权利、游戏、网络，随时都有可能对我们的道德底线产生很大的影响，欲望时刻环绕在人们中间，面对这些无休无止的诱惑，我们能做的到底是什么？下面的故事将会给你一定的启发。

有一个英国的小女孩，从小她的母亲就经常跟她说这样一句话：“在人生的道路上有很多诱惑，一定要记得抵制这些诱惑，这样才能得到成功的青睐。”一直以来这句话时刻环绕在她的耳边，提醒她，教育她，可以说在她的人生路上起着很大的作用。

小女孩的母亲有一份工作，就是每个星期都要给别人代洗衣服，这样就可以拿到 5 英镑的酬劳。在一个周六的晚上，小女孩还是跟往常一样去帮她母亲

领薪水。老板手里拿着一个装满钞票的钱包，打开钱包之后就立即抽出了一张钞票递给小女孩。

辞别了那位老板，小女孩就兴高采烈的拿着母亲的薪水离开了。走着走着，她停了下来，她要用别针把钱小心翼翼地固定在围巾的皱缝里。这时，她才发现老板给了她两张钞票。

“这些钱都是我的，现在已经全部都是我的了！”突然多给了一张钞票，这份意外的收获让她感到高兴。于是她在心里盘算着怎么消费这一笔钱：我可以用多余的钱给妈妈买一件新衣服，这样姐姐就可以穿妈妈的旧衣服，我还可以给弟弟买一份礼物。

小女孩乐的笑出了声，于是兴高采烈地往家里跑。可是跑着跑着，她突然想起妈妈经常告诉她的话：“在人生的道路上有很多诱惑，一定要记得抵制这些诱惑，这样才能得到成功的青睐。”此刻，她放慢了脚步，内心感觉十分纠结，这张钞票对她来说确实是充满着极大的诱惑，可是她到底该怎么做呢？最后她用尽浑身的力量，抵制住了金钱的诱惑，将多出来的钱还给了那位老板。

有母亲的教导，有此次经历的感悟，小女孩在以后的人生中更明白了怎样去抵制各方面的诱惑。此后在诱惑面前她始终保持着平静的心态，最终取得了令人羡慕不已的成功，她就是英国亿贝公司前首席执行官梅格·惠特曼。

面对金钱的诱惑，她没有被利益冲昏了头脑，而是坚持自己的想法，不为之动容。这正是一个有气质的人应该拥有的一种美好品质。正是因为自己内心的那份坚守，最终成就了梅格·惠特曼的气质。倘若梅格·惠特曼不懂得如何抵制人生中的诱惑，那么也就不可能成就今天的梅格·惠特曼，更练就不出她身上的气质。

男孩们，我们何尝不会遇到类似的情况呢？可是我们是怎么做的呢？相信这会有很多答案吧。生活中的诱惑经常像影子一样跟着我们，时刻考验着我们的意志。如果我们不能借助意志驱赶诱惑，那么随时都会跌倒在诱惑下，成为诱惑的牺牲品。

1. 必须要有自制力

当不良诱惑来临时，我们要学会克制自己的心理，提高自己的警惕、觉悟及自制能力。例如，马上面临考试了，可是小伙伴们还邀你一起去打游戏，这时候男孩就要懂得孰轻孰重，克制住自己，保持良好习惯，避免沾染不良习气。

2. 做事情要考虑后果

如果克制不住自己的小欲望，男孩们，不要怕，我们可以试着去联想一下，你要做的事情会对你的前程和生活造成什么样的后果。比如说你一直沉浸在游戏、玩乐、暴力等不良行为中，试想一下如果因此耽误自己的前途，值得吗？

心理悄悄话

男孩们，如果抵制不住诱惑，那么就学着一点点转移吧。想要玩游戏的时候去做一些其他的事情，比如去外面散步，去看几本书等，尽可能的克制住自己想玩游戏的欲望。

文明少年，远离烟酒

烟和酒对人的身体有着极大的危害，可如今却已经悄悄地走进了青少年的生活。不论男生女生，都已经学会吸烟和喝酒，青少年吸烟和喝酒的比率，正以一个“令人震惊”的速度增长着。烟酒对人体危害的原因，大多数青少年朋友可能已经知道了：酒的主要成分是有毒物质乙醇，而烟里面含有 30 多种致癌物质，其中危害最大的是尼古丁。男孩们，不管你有没有这个恶习，希望你懂得爱惜自己的身体，维护自己的心灵健康，做一个拒绝烟酒的文明少年。

杜晓恒今年读初二，一直以来他都是一个比较腼腆的孩子，不太善于跟人打交道，也因此没有多少好朋友。渐渐地他感觉这样比较孤单，他想多交些朋友，想让自己成为一个受欢迎的孩子，能有好多一起学习玩耍的朋友。有一次，他

参加一个朋友的生日聚会，有20多个同学，坐在餐桌上吃饭时，他忽然发现桌子上摆了一瓶白酒。过生日的朋友开始给每个人斟酒，杜晓恒很吃惊地看到无论是倒酒的人，还是端着杯子接酒的人，都若无其事的样子。他朋友举起酒杯来到晓恒身边，向他的杯子里倒了满满的一杯酒，这时候晓恒看傻了，急着说："我不会，我不能喝酒……"朋友这时有点着急，跟他说："大家一起热闹，你这么不给我面子吗？"旁边的同学也纷纷劝他说："大家都在喝，你一个人不喝多不好。不会没关系，喝一次以后就会了嘛。"杜晓恒看着一群朋友都在劝他，感觉到没法拒绝，碰杯的时候，他喝了一口，简直辣得眼泪都流出来了，逼着自己喝了几口，晓恒就跑到洗手间吐了起来……

李扬是初一五班的一名学生，马上就要升初二了，可是他的成绩一直跟不上，平日里他也感觉有点苦恼，但是李杨是个很聪明的孩子，他的动手能力特别强，很擅长机械和模型，在这方面是个小专家。他对一切都充满了好奇，家里新买回来的各种电器，爸爸还在看说明书怎么操作的时候，他已经会使用了。周五放学回家，他和朋友张瑜一起结伴而行，走到半路上，张瑜神秘兮兮地拿出一支香烟，给他看了看，然后动作很熟练地点燃，抽了起来。李扬看他陶醉的样子，跟他说："吸烟有害健康，这个年纪不应该吸烟。"可是张瑜只是淡淡地说了一句："回家心烦，成绩不好，妈妈老是唠叨我，抽根烟解解烦。"回家后，李扬也偷偷从爸爸的烟盒里面拿出一根，又想起爸爸曾经很严厉地跟他说过绝对不许抽烟，他犹豫了一会儿，然后对自己说："我就抽一根，感觉一下，其实我也挺烦的，不会上瘾的。"第一次除了呛得难受，没找到什么感觉，于是第二天，他又手痒，又去偷了一根。过了不久，李扬发现，自己竟然哪天不抽烟就觉得有点不舒服。李扬看到朋友吸烟，引发了他强烈的好奇心，他认为只是少抽一点，不可能上瘾，其实对于烟和酒的拒绝应该是彻底的，不要有开始，因为烟酒的上瘾都是很容易的。

男孩们，上面的案例相信在生活中你们都听过，甚至经历过。烟酒不仅影响身体，还会对心灵造成一定的影响。所以说，远离烟酒，健康成长吧！

1. 吸烟对健康的影响不可小觑

第一，吸烟能产生大量烟雾，其中包含几百种对身体有害的物质。比如，尼古丁可以兴奋人的神经，使血管收缩，从而刺激人的心脏，使人成瘾，对身体造成损害。

第二，吸烟时所产生的一氧化碳可以与血液中的血红蛋白结合形成碳氧血红蛋白，使吸烟者经常处于低氧血症状态。同时，一氧化碳还会刺激红细胞增生，容易诱发各种心脏血管疾病。

第三，吸烟影响青少年的智力水平，还会影响身体发育。

第四，许多与吸烟有关的疾病都有很长的潜伏期，有的可长达几十年。

2. 饮酒对青少年的危害

第一，饮酒伤身。酒精能够使肌肉无力，还会对血细胞产生危害。如果长时间大量的饮酒，就会损伤肝脏、心脏、眼睛、大脑、食道和口腔，甚至还会损伤生殖细胞，对后代造成不良影响，还可导致精神疾患。

第二，饮酒影响学习。过度的饮酒会对青少年的记忆力、理解力造成很大影响，还会导致思维能力和智力水平严重下降，进而严重影响学业。

第三，酗酒在许多国家已被公认是造成意外（尤其是车祸）和自杀死亡的重要原因之一，酗酒和吸烟一样是一大社会公害。

第四，饮酒容易结交一些社会不良少年，沾染一些恶习，对自己的身心健康造成极大影响。

心理悄悄话

男孩们，烟酒都需要花钱去买，而你们又没有独立的经济来源，同时在人际交往中吸烟喝酒易交上坏朋友，因此，如果不抓紧远离烟酒，那么烟酒就容易成为诱导走向违法犯罪道路的因素。所以，远离烟酒，才是最正确的选择。

冲动，只会让你后悔莫及

培根曾说过："冲动如同地雷，碰到任何东西都将同归于尽。"是的，冲动就是魔鬼，冲动容易让你失去理智，爱冲动的人，通常都很容易被激怒。他们的内心通常较为敏感，自尊心很强，然而，一旦怒气爆发起来，就会做出一些悔恨不已的事情。

一只小山羊和一匹小马是多年的好朋友，平日里它们总是在草地上玩耍、嬉戏。有一天，它们跑着跑着突然发现了一个很大的果园，里面的果子刚刚成熟，好像在向它们招手，看到这一切它们高兴极了。于是，偷偷地进入果园，贪婪地享受着美味的青草和水果。果园的主人对此丝毫没有察觉，但是小山羊饱餐一顿后，突然有种想要唱歌的欲望，小马对小山羊说："朋友啊，天啊，你想什么呢？你千万不要冲动啊！你这一唱，果农会发现我们的，等咱们出了果园，你再引吭高歌吧！"

小山羊说："可是，你不要我唱歌，我真的会很难过啊，咱俩这么好的朋友，你为什么就不理解我呢？""可是，可是，你一旦开口唱歌，我们一定会被果农发现的，那样我们会被抓住的！"小山羊并不赞同小马的说法，反而责怪它根本不体谅自己此时此刻的心情，就说："歌曲，是多么优雅，多么美妙的东西啊！可是作为我的好朋友你竟然连这点热情都没有，哎，真的是对你太失望了！？"

小山羊最终没有听从小马的建议，开口就唱。可是，歌声刚刚响起，它们就被果园的主人发现了。

这就是冲动的危害，冲动是魔鬼，小山羊的冲动不仅害了自己，也害了朋友。想高歌一曲表达自己喜悦的心情可以理解，但是为了一时的痛快而不顾及处境的安危，放纵自己的行为，只会酿成悲剧。男孩们，我们要引以为戒，切忌冲动，这样才能不会因冲动产生无法弥补的后果。

很多时候，一时冲动表现出来的情绪化，很有可能会成为你自身幸福的杀手，让你变得面目可憎，受尽他人指责，冲动本身不是魔鬼，可是却能够把我们变成魔鬼。

1. 遇到事情保持几秒钟的冷静

如果控制不住自己，那么就在心里默数1、2、3……说不准沉淀几秒钟之后，自己的怒气就会消下去很多，这时候就不会因一时冲动而做出一些无法改变的后悔事。

2. 懂得理解，要心胸豁达

当一些小事纷扰了你，请你理解、豁达，也同时展现出你不同于别人的宽广胸怀。正如故事中，如果这只小山羊试着去理解一下，心胸宽广一些，等待一下，那么它就不会冲动的。

心理悄悄话

冲动是内心的魔鬼，它往往来源于消极的情绪。当冲动来袭，我们不妨让自己深呼吸，放缓脚步，当一些小事纷扰了你，请你理解、豁达；同时，我们也可以试着让自己暂时转移注意力，当焦点被移开，冲动的力量也会随之分解。

做一个有原则的人

富兰克林·罗斯福曾经说过这样一句话：“一个人如果坚持自己的做人原则，忠于自己的理想，那么他永远也不会成为失败者，即使他不是声名显赫，即使他没有腰缠万贯，他也是值得肯定和尊敬的。”我们做事一定要有自己的主见，如果认为自己是正确的，就要坚持自己正确的主张，做一个有原则

的人，而不要随便改变原则。对于原则性的问题，我们不可以纵容或侵犯，否则就会导致我们偏离人生轨道，走向无边的深渊。相反，一个坚持原则的人，一定是个意志坚定的人，他的心中充满了力量，并坚守那不容侵犯的准则和天职。人的一生，要有自己的生活方式，要有自己的原则，在许多问题面前要敢于坚持自己的看法，这样才能更好地把握自己的未来。

徐子航在谈起他初中的往事时曾经说过下面一段话：

上学的时候，我的成绩一直都很好，所以，每次做作业或者考试时，总会有很多同学请我关照他们。虽然我知道作弊是不对的，但是面对大家的请求，我妥协了。

记得那年期中考试，后面座位的一个同学抄我的答案时被监考的林老师逮个正着……林老师当场宣布那位同学的成绩作废，还狠狠地批评了我。当时我心里非常难过，同学也好像对我有很大的成见，可是为什么要怪我呢？是同学要求抄我的，我不给他看，他就不高兴，被老师抓到了，他反而还怪到我身上。那一刻，我很懊恼自己怎么就没能坚持住自己的立场。

男孩们，其实这种事情在我们身边也发生过。面对让我们感到为难的事情，面对那些可能会给我们造成伤害的事情，我们必须要懂得忠于自己内心的声音，坚持原则，不要迷失了心智。

曾经，一名年轻的护士以责任护士的身份跟随一位知名医生进行一次手术，初次合作就担任这位医生的助手，这确实是一个非常难得的机会。过了好久手术终于顺利完成，在马上就要进行缝合的时候，年轻护士感觉中间出了点差错，就对医生说：“医生，我记得手术中一共用了十五块纱布，可我只见您取出了十四块。”

这时候，医生摇摇头说：“一个也没有漏掉，不要浪费时间了。”

“不是，”女护士非常坚定地说，“我非常确定，当时用了十五块纱布，可是只取出来了十四块，现在绝对不可以缝合。”

医生对年轻护士的话也不理睬，跟大家说：“手术一切正常，现在听我的，快点缝合。”

“这样做不可以，”女护士喊了起来，“我们要为病人负责。”

这时，医生笑了笑，他拿出了一直捏在左手心的第十五块纱布。“不错，今日起，你正式成为我的助手了。”这位医生大声地对她说。

男孩们，如果你是那位年轻的护士，你能一再的坚持自己的原则吗？你能明白问题的重要性有多大吗？相信大家心里都会有自己的答案。所以，不管遇到任何问题，我们都要懂得坚定立场，有自己的原则，在某种意义上讲，就是一个人至真至诚的根本所在。

1. 小事做起

男孩们，不要说自己不知道怎么做，其实我们可以从生活中的很多小事做起。例如别人让你做一些不好的事情时，你就要义无反顾的抵抗；在考试的时候，有的同学要抄你的答案，你就要勇敢地说不……当然这些也需要你的理智头脑的帮助。这些很简单的事情，有的时候也是不小的考验。从一点一滴做起，那么到最后你一定会成为一个自控能力很强的人。

2. 活出自己的精彩

古人说：“凡事岂能尽如人意，但求无愧我心。”只要我们的生活方式不违背社会的总体需要和规律，就无须在意别人的说三道四，你要活出你自己的幸福。男孩们，要有自己的目标和理想，坚定态度，勇往直前，用信心和努力活出更精彩的自己。

心理悄悄话

德国诗人歌德曾经说：“一个人，即使驾着的是一只脆弱的小舟，但只要舵掌握在他的手中，他就不会任凭波涛的摆布，而有选择方向的主见。”原则是不可以被侵犯的，命运还需自己掌控。男孩们，不论是在你的学习中还是你的生活中，这都是你应该明白的道理。

管控住自己的心浮气躁

浮躁心理是造成人们做事目的与结果不一致的常见原因。具有浮躁心理的人，一味地追求效率和速度，他们通常是手脚比脑袋快，想到什么做什么，却往往不会考虑后果。浮躁的人无法抵达远大的目标，如果管控不住你内心的浮躁，那你就会生活的一塌糊涂。浮躁的人常常会犯拔苗助长的错误，让自己所做的工作事倍功半，结果只能与成功背道而驰。

张进无论学什么都是半途而废。当年他曾经非常刻苦的学习法语，可是学习法语并不是他想的那么简单，要想灵活掌握，就必须深刻的理解古法语，而学好古法语还离不开对拉丁语的学习。

随后张进发现，要想学好拉丁语就必须认真的学习梵文。于是他又转移目标，开始废寝忘食的学习梵文。在学习阶段，张进也没有拿到什么学位证书，最终他学的那一身本领也从没有发挥出什么实际意义，可是他的先辈为他留学，下了一些本钱。张进后来拿出 10 万美元投资办了一家煤气厂，可造煤气所需的煤炭价钱昂贵，这使他大为亏本。

于是，张进低价把厂子转让出去，紧接着又开始置办煤矿，可是时运不济，他还是没有经营长久，进而又在别的行业转来转去。从那以后，他便像一个内行的滑冰者，在有关的各种工业部门中滑进滑出，没完没了。

张进谈过好多次恋爱，可都没有什么好的结局。张进曾经对一个女孩有极大的好感，于是向她表白，他感觉自己有点配不上人家，就去一所学校上课，陶冶情操，增加自己的修养。可是没多久他就自动退学了。两年后，当他认为问心无愧、可以启齿求婚之日，那位姑娘早已嫁人了。

张进感到很迷茫也很困惑，他不知道为什么自己付出了那么多，可还是一无所获。其实，张进没有发现，他自己总是这山望着那山高，急于追求更高的目标，而不懂得在一个既定的目标上下功夫。殊不知，摩天大厦也是从打地基开始的呀。

张进这种浮躁的心态最终还是让他落下个一无所获的下场。

男孩们，浮躁是一种非常可怕的心理问题，我们必须要有自控能力，管控住自己的心浮气躁。所以，在生活中如果我们想取得永恒的成功，就必须静下心来，摆脱速成心理的牵制，脚踏实地的做好每一件事。只有这样，我们才能达到自己的目的，最终走上成功的道路。

1. 脚踏实地做好当前的工作

男孩们，如果自己感到浮躁，那就告诉自己不要想太多，静下心来，做好眼前的事情，不要有过多的顾虑，考虑这个考虑那个，这样自己就会更加的烦闷。

2. 诱惑面前要止步

生活中，我们经常看到一些人做事缺少恒心，见异思迁，急功近利，不安分守己，总想投机取巧，成天无所事事，脾气大。其实，这就是浮躁心理的表现。男孩们，如果我们能够很好地克制自己，就不会因冲动而与人打架斗殴，不会因烦躁而吸烟酗酒，不会因无聊而沉迷网游，不会因退步而不思进取……

心理悄悄话

如果你管控不了自己的情绪，那么如何操控自己的人生呢？男孩们，我们要有一定的自控能力，否则长时间的浮躁就会造成你生活的错乱。道路就在脚下，看问题要站得高、看得远，才能做一个务实的人。从今天起，努力戒除浮躁，踏踏实实生活。人只有告别浮躁，才能从容不迫地面对人生中的机遇和挑战。

自控力让男孩更加出色

有句话说得好，“美好的人生建立在自我控制的基础上”。是的，如果你的意志是薄弱的，如果你连自己的方向都把控不住，那么许多美好的愿望和远大的目标又如何实现呢？自控能力也就是自制力，它对每个人来讲都是一种宝贵的品质，而且对一个人的发展也起着极其重要的作用。克莱门特·斯通认为，“一个人要征服整个世界，首先要征服自己。”一个人如果拥有着强大的自制力，那么他就不会轻易地被外界的环境所打败，战胜了自己，才能战胜外界的风风雨雨。

曾经有一只小狐狸，有一天它离开了狐狸妈妈和兄弟姐妹，独自在野外生存。野外生存不可避免的一个问题就是要寻找食物，如果不懂得捕食，那就没法活下去。小狐狸为了捕获野鸭，常常可以连续好几天潜伏在阴冷、泥泞的沼泽地里，丝毫不敢动弹。它非常有耐心的等着、等着，目光坚定，看着野鸭一点点的靠近自己。可是有时候野鸭游着游着就离开了，远离了它的方向，这时候小狐狸只能难过的返回原地继续的等待下一次机会。为了填饱自己的肚子，小狐狸可以这样反复数十次，直到野鸭被它捉住为止。男孩们，我们应该读懂了吧？这就是一种很强大的自控力。小狐狸很明确地认识到了控制住自己等待时机的重要性，虽然这仅仅是它在进化过程中形成的一种活命的本能，但这种本能却给了它生存的机会。为了实现自己的某些目标，动物本能懂得严格克制自己，对于各项情感和思维都极为丰富的我们来说，应该要做的更好吧？

有一位心理学专家做过一个实验，这个实验很好地为大家证明了一个道理，那就是良好的自控能力对人的影响不可小觑。他选取一个幼儿园的学生作为对象，从四岁到高中毕业这段时间进行跟踪研究。实验开始的时候，心理学家来到教室，给教室里的十个小朋友每人分发一块糖果，这时候老师宣布：“孩子们，老师现在要离开一会，你们眼前的这块糖果你们可以选择吃掉，但是如果谁等到老师回来之后再吃的话，谁就可以再领取一块糖果作为奖励。也就是说，坚持到老师回来，就能吃到两块糖。”可是，性急的孩子几乎没等到老师离开教室，就已经把糖送进嘴里了；而有一部分孩子，开始闭上眼睛，或把头埋入胳膊里，或和其他的小朋友做游戏……用这些方法来抵制那块放在他们面前的软糖的诱惑。他们最终得到了两块糖。但是，这个过程让他们得到的远不止是这两块糖。多年以后，他们长大了，那些当年控制住自己不吃糖果、抵住诱惑的孩子在各个方面都表现得非常出色。他们办事沉稳冷静，效率较高，面对挫折和压力也不会慌乱无措，不会轻易崩溃，容易赢得老师和同学的信任。可是，那些自制力较弱的孩子，长大之后抗压能力和自我管理能力都比较薄弱。面对问题他们经常不知所措，容易慌乱。这个实验的最终结果表明：一个人的自控能力，在一定程度上决定了他的未来。

男孩们，你要记住，人最大的敌人是自己，只有战胜了自己，超越了自己，你才会更加出色。

1. 鼓励自己

经常对自己说“我可以做得更好”“我正期待着”“这次我做得非常出色”“这次情况好多了”等充满鼓励的话。当自我感觉良好时，自信也会来到你身边。提高你的斗志，你自然会战无不胜。

2. 强大自己的能力

积极接受工作或生活中挑战性较强的任务，不要害怕失败，即使真的失败了，这对于你来说也只是增加了一次深刻的教训，这同样是在为成功进行积累。而一旦获得成功，你的价值就会得到充分的提升。

心理悄悄话

心理学家认为，自控力属于意志力的范畴，通常来讲，自控力强的人，往往拥有超强的意志力，控制自己的行为，自然需要意志力发挥作用。自制力不是天生就有的，需要我们在以后的生活中不断培养，这是一个逐步形成的过程。所以，男孩们加油吧！

第 12 章　责任担当
——真正的男子汉能用肩头扛起天地

照耀大地是太阳的责任，滋润万物是雨露的责任。同样，人也有履行义务、做好每一件事的责任，只有不辱使命的人，才是一个真正有责任感的人。肩膀扛起责任，也就扛起了自己的人生。男孩们，责任重于泰山，我们要时刻不忘自己的使命，要懂得对自己的言行负责，要心存责任感，这样才能成为一个有担当的男子汉。

责任，让你赢得尊重和掌声

在有些人看来，责任在身，生活就充满着无限乐趣与动力；还有人说，肩负重任是对自己实力最好的证明。可是，也有人对责任有一种抵触心理，他们没有担当，没有勇气。他们希望工作环境宽松，工作出现问题大家承担，很明显，这样的人充其量也就是工作机器而已，他们没有独立的工作人格，不知道承担责任对自己的重要性，不知道责任其实是一笔财富，它会给自己赢得尊重。

姚明相信没有人不知道，他的光环不仅仅在于他有着较高的社会知名度，此外他内心那份社会责任感也让他更令人敬重。姚明在全中国面对公共卫生危机时，勇于、敢于承担更多的社会责任，无疑是值得赞赏的。还记得那场让人胆战心惊的非典吗？当时，姚明在上海发表了抗击非典的公开信，号召大众同心协力抗击非典。姚明在公开信中说："我的故乡上海，我的祖国中国，正在经历一场突如其来的没有硝烟的'战争'。在这场'战争'中，没有谁能置身事外，不管他是明星，还是平民。参与和支援战胜非典，应当成为每一个公民

对社会应尽的责任。”除此之外，他还与众多文体明星进行抗击非典的募捐演出，竭尽全力，号召力量，激起了全中国人民抗击非典的热情。

正是这一份责任，他在全国人民心中留下了更为深刻的印记，赢得了大家更多的认可和尊重。一个人如果要想赢得别人的敬重，让自己活得更有尊严，首要的就是应该勇敢地承担起责任。责任心会让你闪耀更灿烂的光芒。

杰克在一家大型的汽车制造公司上班，凭借自己的努力，终于从一名小职员做到了车间经理的职位，手下也带领着一批技术人员。有一次，杰克带着几名技术工安装一辆高级小轿车，安装完毕，恰逢老总和他的几个伙伴到车间巡视，其中有一位发现了这辆小轿车安装上的失误。因为老总在场，杰克非常紧张，于是就把责任推到了手下人的身上。老总看到他这种做法，勃然大怒，当着全车间的人，把他训斥了一顿。

缘于这件事，手下的技术工对杰克推诿责任的做法感到气愤，从心底里厌恶他、鄙视他。此后大家也对杰克失去了信任，在工作过程中，有意识地排斥他。上面的管理人员得知他的这种行为之后也产生了一些不好的看法，杰克的工作再也不能顺利开展，业绩直线下滑，不久就被公司降职了。

一个人要敢于承担责任，努力解决问题，这样才能赢得更多的掌声和尊重，否则，一味地推卸责任，只会让人鄙视和厌恶。一个人即使没有良好的出身、优越的地位，只要他能够勤奋地工作，认真、负责地处理日常工作中的事务，就会赢得别人的敬重和支持。反过来说，如果不懂得承担责任，即便你身处高位，也会因没有担当而丧失做人的道德，遭到他人的鄙视和唾弃。

1. 心中有爱，学会感恩

我们任何人都应该履行对人类、对国家、对家庭和对自己的责任。责任感不是面具，是我们的心灵。比如，我们努力学习也是心怀责任感的表现，这样对得起父母的期盼、老师的教诲，同时也是报效祖国的方式。

2. 知错就改，不推及他人

因自己的失误而犯下错误，我们要敢于正视，知错就改，那样才是真正的男子汉。不要总是推来推去，埋怨别人，试想一下，自己就真的没有一点过错吗？男孩们，生活中不免有一些小摩擦，如果我们真的错了，那就勇于正视自己吧，

推及他人，伤害友谊，也会造成别人对自己不负责任的反感。

心理悄悄话

对待生活有无责任感是一个人能否获得幸福生活的分水岭，那些有责任感的人，对朋友、对家庭都充满照顾和呵护，必然能够受到家人和朋友的尊重，也一定会享受到生活的乐趣与幸福，他们的人生也会因为有亲朋好友的支持而获得更好的发展。

点滴小事，也要有一份担当

一个人如果没有责任心，有多么大的能力又能如何呢？因为这样不可能成为一个身心健康的人。责任是一种良心，也是一种向上的鞭策力量，它能使我们体会到自己存在的价值，并为了体现这种价值而努力奋斗。一个有责任心的人一旦与社会接轨，他就会把自己的责任扩大到整个社会、民族、国家。男孩们，我们必须培养自己的责任意识，肩膀扛起责任，也就扛起了自己的人生。一个人没有责任心，也就没有促使他努力进步的良性压力，这样的人是不值得信赖的，同时，也不可能取得很大的成就。

亮亮今年上初一，从他五岁开始，亮亮就专门负责帮家里倒垃圾，从来不让妈妈做这些事情。五岁那年，有一次妈妈准备和他一块出去倒垃圾。碰巧妈妈的一个姐妹过来找妈妈谈点事，妈妈就开始招待姐妹进屋，也没法陪亮亮去倒垃圾了。看到这，亮亮就自己去倒垃圾了，回来后，没想到妈妈和她的姐妹都夸亮亮长大了，能帮妈妈做力所能及的事情了。

妈妈知道亮亮有能力自己去倒垃圾了，从此，家里倒垃圾的家务都由亮亮

负责。

久而久之，培养了亮亮的责任感，他觉得倒垃圾的事就是自己应该做的，从来没有推给别人去做过。而且他觉得他对这个家是有用的，是有责任的，所以在其他方面，他也越来越有责任感了。

男孩们，其实在家庭中我们应当承担一些适当的、力所能及的任务，如打扫卫生、长期取报、取牛奶、给花草浇水等，这样才能不断增强自己对家的责任感，以后在社会上才能成为一个更有担当的人。

强强都 8 岁了，但是从小很调皮，经常欺负别的小朋友。有一个星期六，刚下过雨，强强又要爸爸陪着出去玩，爸爸正忙事情，无奈下自己出去了。

天快黑的时候，他兴冲冲地回来了。爸爸问他怎么这么高兴，他说把楼下的奇奇给打哭了。爸爸听后狠狠地批评了他一顿。

不一会，他家的门铃响了。爸爸去开门，是奇奇的爸爸带着奇奇过来了。强强爸爸赶快欢迎他们进屋。他们看上去很不高兴。强强爸爸再仔细一看，只见奇奇爸爸手上拿着几件脏衣服，奇奇脸上挂满了泪花。

“你看奇奇的衣服，都是你们家强强给弄的。”奇奇爸爸开口说。

到底怎么回事啊？

俩人一开始玩得好好的，因为几句话就开始吵起来。吵着吵着，奇奇想回家，可强强就是不让奇奇回家，并且动手打他。最后把奇奇推到了水坑里，把衣服弄脏了，奇奇哭着回了家。

“强强，过来给奇奇道歉。”强强爸爸把强强从屋里拉出来。

强强知道自己错了，也就老老实实地给奇奇道了歉。“那奇奇的衣服还是脏的，怎么办，你们要给洗干净。”奇奇爸爸说。“哦，好的，我们一定会给奇奇洗干净的，你们放心，很抱歉啊。”强强爸爸说着道歉的话。

他们走后，强强爸爸把脏衣服往强强面前一丢，说：“你自己给人家弄脏的，自己去给洗干净。”“我不会洗啊。”“不会洗也得洗。”强强爸爸毫不客气地说。

强强没办法，只好拿着衣服去洗了。这是他第一次洗衣服，艰难地揉啊，搓啊，花了几个小时，才把奇奇的衣服给洗好。

强强尝到了犯错误的苦头，他告诉爸爸以后再也不欺负别人了。

通过这件事，强强爸爸让强强知道了，自己犯下的错，要自己去承担，这样才能让他记住，以后做什么事都要先考虑下后果，不然要为之付出代价的。

男孩们，我们要有自己的担当，自己做的事情要学会负责，不要想着让别人替你挡风遮雨。做错了事情不能逃避责任，必须勇于承担后果、弥补过失，这才是真正的男子汉。

1. 依赖会让你越来越逃避责任

男孩们，我们或许现在还不知道依赖的危害，事事依赖父母，那么你永远也长不大；事事指望他人善后，那么总有一天你会吃到苦头。不管多小的事情，我们都要学会自己去处理，如果自己犯了错误，我们也要懂得去承担，去弥补，这样才是成长。

2. 相信自己的能力

谁也不能改变谁，只有自我改变，才能使身边的万物改变，不要抱怨什么埋怨什么，一定要对自己说没有什么不可能的。只要敢于去做，心怀责任，有着强烈的自信心，相信明天的路一定会更美好。

心理悄悄话

男孩们，我们每一个人都在生活中饰演不同的角色。不管我们居于什么样的身份、从事什么样的职业，都要懂得责任的重要性，这是社会法则，这是道德法则，这还是心灵法则。

记住：言而无信非君子

诚，是精诚所至，金石为开的坚定；信，是滴水穿石，百川入海的无悔。

自古以来，诚信都是先辈教导我们一代代中华儿女做人的准则，是炎黄子孙不变的敬仰，是人而为人永久的真谛。如果失去了诚信，那就失去了做人的根本。男孩们，做一个言而有信的人，一个对自己言行负责的人，这样你才会赢得更多的尊重和信赖。

《韩非子外储说左上》曾记载过一个关于诚信的故事。有一次，曾子的妻子准备去赶集，由于孩子哭闹不已，曾子妻许诺孩子回来后杀猪给他吃。曾子妻从集市上回来后，曾子便捉猪来杀，妻子阻止说："我不过是跟孩子闹着玩的。"曾子说："和孩子是不可说着玩的。小孩子不懂事，凡事跟着父母学，听父母的教导。现在你哄骗他，就是教孩子骗人啊。"诺言是不分男女和老少的，所有的诺言，只要承诺就必须遵守。如果我们做出承诺，但是由于难以抗拒的原因不能履行诺言时，应尽早向对方说明，并真诚地向对方道歉。

男孩们，在我们的生活里，会碰到各种各样的问题，但是我们一定要保持自己做人的本性，讲诚信。不能以欺骗作为手段，说过的事情一定要做到，不能说谎。要做到言必行，行必果，这样才能获得他人的信任。

男孩们，言而有信是我们必须恪守的准则，显然故事中的曾子做到了这一点。男孩们，想要赢得他人的尊重和喜爱，就要懂得言而有信，做一个有担当的人，对自己的言语负责。

1. 答应别人之前要考虑清楚能否做到

如果你做不到，就不要轻易地对他人许诺什么，夸下海口而不对自己的言语负责，这样不仅会有伤感情，还会失去他人对自己的信任，所以，男孩们，考虑清楚，再对他人做出承诺。

2. 长记性，不要把说的话随口一丢

如果说了什么，那么你就要记住自己所说的话。很多人不是没有能力，而是经常忘记对别人所说的话。当别人再次问到这件事情办得如何，这个时候会让自己难堪。

心理悄悄话

把所答应别人的事一件一件记在心里，然后一步一步完成对别人的承诺，言必行，行必果。男孩们，信誉是个长期问题，要尽力做好自己许诺过的事情，不要觉得是无所谓的小事，否则，时间久了，你就会面临严重的信任危机。

少找借口推卸自己的责任

有时候我们会听到这样一些话：生活不顺心，是因为近期的烦心事太多；考试不及格，是因为“题目太难”，“出题太偏”；与人关系不好，是因为他人不懂得自己。男孩们，既然自己不懂得承担，何处不是借口呢？久而久之，就会形成这样一种局面：人人喜欢推脱自己的责任，人人找理由来掩饰自己的过错，这是一种多么可怕的局面啊。不管做什么事情，在什么样的工作岗位上，男孩一定要记住做一个有担当的人，要对自己的工作认真负责。

任何借口都是不负责任的表现，它会给对方和自己带来莫大的伤害。所以说，我们要遵从真诚的待人之道，不要总是要一些让人厌恶的小心机。有些时候，与其为了寻找借口绞尽脑汁，不如对自己或他人说“我不知道”。负责任的人从来不为自己寻找借口。

著名畅销书作家约翰·米勒在他的书中讲了这样一个故事：

那是一个周日的下午，风很大，我和我的家人驾车行驶在高速公路上。突然，一幅惊人的画面闯入我们的视野：在公路右侧的旷野中，一个中年人正从他的轮椅上扑向一大片报纸。报纸在空中飞舞，狂风将报纸吹得到处都是。他不能站立，只能在地上爬行。他努力想去抓住那些报纸，可风实在是太大了，他的

腿又有残疾，转眼间，旷野中到处都是报纸。威尔，我的大儿子，在我后面喊道："爸爸，我们去帮帮他吧！"我们迅速将车停好，然后一起冲出去帮忙。

风很大，我们几个人四处奔跑捡拾着地上和空中的报纸。当我抓住报纸，将它们抱在胸前的时候，强烈的好奇心驱使我十分想知道发生了什么事。我们将报纸都找了回来，围拢在那个人的周围。这时，他紧紧地抓着他费了很大力气才捉住的几张报纸。

我的一个孩子问他："发生了什么事情？"他挣扎着坐到轮椅上，一只手臂抖个不停，好像是残废了。他说："老板让我把几捆报纸送给客户，等我到客户那里的时候发现缺了一捆，急忙回来沿途寻找。当我来到这里时，我简直不敢相信我的眼睛，报纸飘得到处都是。"

我未经仔细考虑就问道："你打算一个人把这些报纸捡起来吗？"他很奇怪地望着我说道："当然，我必须这样做。因为这是我的工作，更是我的责任！"

你是否可以想象这样一个场景：

一个双腿和一只胳膊都有残疾的人匍匐在狂风肆虐的旷野中，试图抓住漫天飞舞的报纸，尽管这不是他所能做到的，但他勇敢地承担起了自己的责任而没有任何借口。虽然他躯体残疾，但却拥有最健康的责任心，他对自己的工作有一种高度责任感。

男孩们，你可以想一想，如果一个人连基本的责任心都没有，总是想着为自己的各种偏差行为找借口，那么这还怎么算是一个令人尊重的人，怎么算是一个有道德感的人呢？故事里的这位残疾人，即便是身体残疾，但他也没有为自己的过失找借口，而是保持着内心高度的责任感，这个场景令人敬佩，也令人感动。希望男孩谨记什么是责任。

1. 做任何事情我们都要尽最大努力

男孩们，找理由是一种不负责任的表现，我们对生活要有一种高度的责任意识，做事情不管难易，一定要记得尽自己最大的努力，这样才会问心无愧。

2. 避免出现信任危机

男孩们，长时间失信于人或者是搪塞他人，你就极易出现信任危机。因为没有人一次次的被伤害之后还会一如既往的相信你，支持你。所以说，避免出

现信任危机，那就好好做人、做事，少一点借口，多一点努力，这样你才会赢得人心。

心理悄悄话

找借口不利于自身的成长，为问题找借口，便错过了在解决问题的过程中提升自己的机会。所以男孩们要远离这种思想，积极主动的去想办法解决问题，这样才会成长地更加出色。

使命在身，必要肩负责任

很久很久之前，有这样一位农民，家里生活比较困难，所以经常要去砍柴，然后翻过很多大山去集市上卖掉，赚得的钱不仅要养活家人，还要供自己的孩子上学。

转眼假期来临，这位父亲想要锻炼儿子吃苦的精神，于是带着儿子去卖柴。儿子很不情愿地答应了他，感觉一路上累得都走不动了。挑了三天，儿子再也不动了。

没有办法，父亲只能自己继续着养家的工作。可是天有不测风云，这位农民病了，家里已经穷得叮当响。儿子没有办法，终于主动地挑起了生活的重担，每天天不亮，儿子学着父亲的样子，上山砍柴，然后拿到集市去卖，一点也没觉得累。

父亲看在眼里，疼在心里，“儿子，别累坏了身子！”父亲又喜又爱地看着儿子忙碌的身影对他说。这时，儿子放下手头的工作，说：“父亲，我这些日子来一直有个奇怪的感觉，一开始的时候你让我锻炼干活，其实担子相比而

言是很轻的，但是我觉得却是累的不行，但是现在我挑得越来越重，相反倒觉得担子越来越轻了，这是什么原因呢？”

父亲笑了，说：“两个原因，一是你身体承受的能力经过锻炼越来越好，所以你觉得轻。另外一个也是最重要的一个，由于你主动去承担这份责任，是你成长的体现，这份担当便是你最大的力量。你的体力加上你勇挑重担的勇气，当然会使你觉得担子轻了。”

男孩们，故事中的儿子挑起了家庭的重任，他把这份孝心和责任当作自己的使命，从而更加懂得这份努力的分量有多大。使命在身，所以必须要肩负重任。

19世纪末，在一个穷苦的犹太人家里出生了一个小男孩，可是这并没有给这个家庭带来多少欢乐。因为在父母看来，他并不是一个他们喜欢的孩子。他个性懦弱，敏感多虑，丝毫不具备男子汉的英勇气质。同时，这个孩子似乎天生就对外界充满了恐惧，随时都在用一种防御的态度进行回避。换句话说，这个孩子没有一点让大家喜欢。

他的父亲决定用自己的方式对他进行改造，可是不管怎样，他始终无法朝着大家喜欢的方向发展。他没有成为律师，也没有成为士兵，也没有成为父母所期待的人。然而，当他某天从文学的世界里看到了一丝光亮，感觉那里有冲破自己宿命痛苦的力量时，他突然非常激烈地坚持了起来。他开始挖掘属于自己的本质和使命，拿起一支不起眼的笔，沉浸在一个不为人所理解的世界里。

过年以后，他成功了，他写下了《变形记》、《城堡》、《审判》等震惊文坛的作品，他闻名于世，他就是奥地利文学家卡夫卡！ 事实上，绝大多数人生下来都是一样的平凡而普通，如果你毫不挣扎地接受这种安排，那么你未来的发展肯定会由别人来主导，你将失去自主的权利；如果你认识到自己的使命，能够以对自己负责的态度去不断地超越自己，改造自己，那么你有一天必能一鸣惊人，成为世人羡慕的佼佼者。

1. 不要甘于平凡，相信自己

卡夫卡如果没有按照自己的禀赋去发展，接受父母的安排，也许我们就看不到这一位伟人带给我们的优秀作品。幸好他在关键时刻抛弃了懦弱和多虑，勇敢而执著地带着自己的理想出发，最后他才能在努力的耕耘后收获成功

和喜悦。

2. 为自己的前途不懈努力

男孩们，我们都怀揣着梦想，希望自己能成为自己梦想的那个人，为了这份梦想，我们必须坚定意志，不懈努力。没人能随随便便成功，既然我们身负着成就自己美好明天的这一份使命，那么抓紧行动起来，不要懒惰，也不要怯懦，让自己扬帆远航吧！

心理悄悄话

男孩们，要独立负担起自己的使命，最基本也是最应该做到的几点就是：生活应该学会自理，自己的事情要自己去做，自己的时间要知道怎么去合理分配，自己的错误要懂得自己去承担面对，自己的冒险行为需要自己承担后果。

要成为一个男子汉，就要从小培养独立意识，就要勇敢地面对在成长过程中遇到的任何事情，也要主动积极地承担起自己的各种责任。

牢记安全常识，掌握自救方法

生命只有一次，我们需要倍加珍惜，因为这是一种责任，珍爱生命才会对得起自己和那些关心疼爱自己的人。其实生命是脆弱的，在生活中我们要牢记一些安全常识，学会处理危险的本领，掌握必要的遇险自救技能，增强自己的生存能力，避免陷入危险而不懂如何自救。因此，我们一旦遇上灾难，就要懂得从容应对，将生的机会提高到最大限度。这是对生命的尊重和珍视！

学校安全事件也是不断发生，很多地方出现过火灾、地震、踩踏等事故，因此为避免类似情况发生，张磊所在的学校也时常组织一些演练活动，加强安

全保卫工作。

下午第三节课的时候，张磊所在的五年级二班上了一堂安全知识答题课程。在班主任王老师的主持下，首先进行安全知识竞答，王老师出的第一题就是：“如果地震来临，我们大家首先应该怎么做？”由于受到汶川地震和青海玉树地震的影响，同学们关于地震来临时避险的知识很丰富，每个人都说的非常准确。随后，王老师又针对校园的安全问题提了一些问题，他问同学们：“如果你遇到了坏人，那么你会怎么做？”很多同学都表示，当遇到坏人时，首先要保持镇定，尽量不激怒坏人，等待大人和警察的救援，如果落到了他们手里不要鲁莽的喊叫，否则坏人气急败坏而伤害自己，应该伺机逃离坏人的魔掌后，大声地呼救，并且往人多的地方走。

王老师看到同学们安全知识掌握的不错，他微笑着给大家做了一些总结和其他方面的教育，他还自编了安全自护歌谣让同学们在班级里传读，以此来增强同学们的安全防范意识。

校园里的安全教育工作如火如荼地开展着。周五的时候，张磊他们正认真地听着语文老师讲解写作方法，正在这时，突然从广播里传来一阵刺耳的警报声。语文老师立即放下书本，大声提醒同学们：“大家迅速把教室后门打开，男女生各站成一队。”语文老师边说边指挥大家撤离到教室外面。同学们有秩序地撤离教室，来到操场上，原来这是学校的紧急消防安全疏散演练。这样的活动，张磊每年都会参加一次，已经很熟练了。

男孩们，或许我们整天忙于学习，疏忽了生活中潜在的危险因素，这其实是非常可怕的。学习和演练对于我们来说真的非常重要，可是有的人会固执地认为，就是演练了，在特殊情况下，也未必能派上用场。还有人错误地认为，灾难面前人是渺小的，根本没有能力对抗，只能听天由命。如果我们不懂得一些安全常识，一旦危险降临，我们将极易出现恐慌或束手无策的状况，因为这时你的自救能力是非常薄弱的。因此，你要多了解一些自救常识，树立危难时刻懂得保护自己的意识。如果你平时懂得一些应急自救常识或技能，那将会赢得更大的逃生或存活概率。

1. 遇到火灾怎么办

打火警“119”这是孩子们都知道的。关键报警之后应该怎样做呢?

第一，发生火灾以后，往往浓烟很重，看不清楚周围环境。因此先要冷静下来，辨认逃生方向，朝着明亮处最有利的疏散通道逃生撤离。如果是在高楼层上，要尽可能往下跑，因为火是向上蔓延和燃烧的。

第二，大火燃烧，会散发出大量的烟雾和有毒气体，人们很容易因毒烟窒息而死亡。最简单的方法是用湿毛巾捂住口、鼻，减少烟气的吸入。另一个办法是降低高度，将身体贴着地面匍匐前进。在贴近地面 30 厘米的空气层中，烟雾较为稀薄。

第三，如果身上着火，千万不要乱跑，因为奔跑会形成风而加大火势。被烧伤者应尽快脱掉燃烧的衣帽，或就地卧倒，在地上滚动熄灭火焰。或用湿棉被、湿毯子等将身体盖起来，使火熄灭。

2. 如果溺水怎么办

溺水对生命最大的威胁是水能堵住人的呼吸道，造成窒息缺氧死亡。溺水往往具有发生突然、危险进程快的特点，一般情况下 4~6 分钟就可能因呼吸和心跳停止而死亡。所以如果是自己不慎落入水中，应该采取一些自救方法:

第一，保持镇静，采取仰面位，即在水中头向后仰，口鼻向上并尽力露出水面。

第二，呼吸要注意做到呼气浅而吸气深，并防止发生呛水。

第三，不要向上伸手臂进行挣扎，这样只能使人加速下沉。

第四，因腿抽筋不能游动导致下沉时，应及时呼救；如附近无人，应保持镇静，设法向浅水或岸边靠近。

心理悄悄话

自救和救人是相辅相成的。危险面前，我们一定要互相关爱，凝聚力量，一起战胜灾难。所以，我们在遇险时，一方面要努力自救，在自救成功的前提下，也要帮助那些“难友”。

第 13 章　应对挫折——失败并不可怕，失去信念才可怕

困难是欺软怕硬的。你越畏惧它，它越威吓你。你越不将它放在眼里，它越对你表示恭顺。所以说，想做一名勇士就要勇敢面对你所经历的一切。男孩们，我们要有一种不抛弃不放弃的精神，把逆境当做是成长的试金石，把挫折看做是成功的踏板，就算是再艰难我们也要懂得坚强应对。勇敢一点，相信你一定会打破自己的极限，用信念和意志攻克一道道难关。

男孩不要被失败打倒

小语刚学溜冰，小心翼翼，战战兢兢，但还是摔得四脚朝天。小语伤心地坐在地上，眼泪汪汪地看着别人优美的姿势。

这时候，好友芷云滑到小语面前，将她扶起来，亲切地对她说："小语，溜冰要不怕摔跤。这可是一项从摔跤中走向成功的运动。从现在起，你准备好摔五十跤，然后你就会溜了。"

小语："真的吗？"

芷云肯定地点点头。

于是小语坚定地站起来，迈开了步。

一跤，二跤……每跌一跤，小语前行的脚步就越发的坚定，她明白，这一次次的失败就是为最后的成功做铺垫的。

数到二十跤的时候，小语便再也不用往下数了。

是的，当你从心底里接受失败，不怕失败，那么你的力量就会更加的强大，

就不会被失败绊倒，也就能透过失败看到成功，透过黑暗看到光明。任何努力都需要一种动力，一种光明目标的指引。

一次，爱迪生在改进灯泡失败9999次以后，有一个年轻人曾这样问他，“爱迪生先生，你的第一万次还会失败吗？”面对这个年轻人的提问，爱迪生回答说：“我并没有失败过，我只是发现了另一个制造不出灯泡的方法。”就这样，爱迪生在经过了14000次的实验以后才取得成功。为了让这个创新服务大众，爱迪生和他的工程师一起又花了数年的时间来搭建从保险丝到发电设备和传送网络的整个电力系统。尔后电灯才点亮了整个世界。

还有一次，爱迪生到交易所去，正碰上交易所的标金记录器出了故障，所有的人都不知所措。爱迪生见到这种情况，主动请缨提出进行修理。在人们半信半疑的目光中，爱迪生只用一会儿工夫，就把它修好了。在场的人都很佩服他，并纷纷向他表示祝贺。有的人对爱迪生说：“你能够对它进行改造吗？”“我还没想这个问题，不过，每种机器都有改进的可能。”爱迪生说。没过多久，爱迪生就在原来机器的基础上发明和制造了一台新机器。

托马斯·爱迪生是美国通用电气公司的创始人，一生中有1000多项发明。电灯泡、留声机、电影等都是他发明的。而有很多项发明都是他在经过千百次的“失败”后才取得的成功。

爱迪生的成功励志故事相信给每一个怀揣梦想的人带来了很大的勇气和信心。男孩们，失败不可怕，可怕的是你被失败打倒而不知道爬起来继续前行。我们要保持一颗向上的心，以积极乐观的心态对待生活，即便是在挫折中失败，也要懂得从头再来。

1. 要有从头再来的气魄

男孩们，失败是很正常的事情，不单单是你，所有人都经历过，即便是崇拜的偶像。所以说，我们不要气馁，也不要放不下，我们要做的就是从头开始，争取下次成功。比如，在一次考试中我们可能因为各种原因退步很多，但是如果一味沉浸其中只会让你下次又以失败告终，我们要吸取教训，找出问题，不断努力，争取下次取得更大的进步。

2. 坚持就是胜利

俗语说“功到自然成”。按理说那些失败者完全可以尝到胜利的喜悦，但他们往往缺少一种胜利的必要条件，那就是坚持。男孩们，学习是一个持之以恒的过程，不能“三天打鱼，两天晒网”，这样怎么可能取得好的成绩呢?

心理悄悄话

哪里跌倒就要从哪里爬起来，相信男孩不会轻易服输。李开复曾说：“失败意味着剥光所有无关紧要的东西。我失败后，不再假装我是某种其实我不是的人，而开始将我的精力投入于我真正在乎的工作。”男孩们，我们要有越挫越勇，从头再来的气魄，这样才是真正的男子汉!

坚定信念，一切都会过去

我们每个人都或多或少的会经历一些不如意的事情，不管你难过也好，乐观也罢，这就是人生。没有绝对的风平浪静，人生总是充满着无数的曲折。那些缺乏坚定信念的人，很容易在苦难和挫折面前一蹶不振，到头来他们除了忍受人生的平庸之外别无选择；可是那些信念坚定的人，总是能够一路披荆斩棘，跨过重重难关，突破人生的各个关卡，最终拥抱成功。

很久之前，在一片漫无边际的戈壁滩上来了两个探险者。长时间行走于荒漠，他们已经筋疲力尽，已经不记得自己到底有多久没有喝水了，他们的嘴唇干裂的漏出一道道血口，或许没多久，他们真的会渴死在这没有边际的荒漠里了。一个年长一些的探险者从同伴手中拿过空水壶，郑重地说：“我去找水，你在这里等着我。”接着，他又从行囊中拿出一支手枪递给同伴说：“这里有六颗子弹，每隔两个小时你就放一枪，这样当我找到水后就不会迷失方向，就

可以循着枪声找到你，千万记住了！”

同伴点头答应，安排好之后，他充满信心地离开了……

对于这个年轻人来说这段等待是无比漫长的岁月，他满心的疑惑与担忧，不知能否发现水，不知同伴能否找到自己。时间在悄悄地流逝，每放一枪，年轻探险者心中的弦就好像断了一根。

年轻人已经等了十个小时，可是子弹就剩下最后一颗了，仍旧丝毫看不到任何希望。同伴走了吗？他被沙漠掩埋了吗？是否出了什么事？……他焦急而又绝望的想着。口渴和恐惧伴随着绝望潮水般充满了他的脑海，他似乎嗅到了死亡的气息，感到死神正面目狰狞地向他紧逼而来……

最后，他终于失去了生存的信念，他扣动扳机，将最后一颗子弹射出。只不过，这一次他不是射向天空，而是射向他自己的脑袋。不久同伴回来了，伴着那声枪声的引导，带着满满的两壶水，可是，看到的却是同伴的尸体。

或许事情就是这个样子，很多时候我们马上就要接近成功，可是就在那个时候我们却失去了坚持到最后的信念。很多人在这最后的时刻没有坚持住，跌倒在成功的门前，从而让自己的人生变得遗憾重重。年轻的探险者是不幸的，在挫折面前，他丧失了生存的信念，他选择了放弃。

男孩们，有坚定的信念才会有成功的希望，半途而废终究会一败涂地。

1. 学会坚持

放弃了，你就一无所有，包括你之前的所有付出。学习也是如此。男孩们，很多时候我们的意志不够坚定，极易被一些难题打败，觉得自己学不好，于是就放弃，这样下来，堆积更多的困难，最终一无所获。男孩请记住：有困难就必须去克服，逐步攻克，路才会越走越宽。坚定信念，用自己的努力去拼出最好的明天吧。

2. 没有过不去的火焰山

男孩们，一点小挫折就把自己打败，这还是男子汉吗？你要坚信，没有过不去的火焰山，只要你肯努力去挑战难关，这样的人生才不会留下太多的遗憾。信念是战胜困难的力量，我们一定要相信自己，做到不抛弃不放弃。

心理悄悄话

在漫长的人生旅途中。苦难并不可怕，受挫折也无须忧伤，只要心中的信念没有枯萎，你的人生旅途就不会中断。因此，我们要笑对生活，不要抱怨。把磨难当成成功的催化剂。不要抱怨生活中有太多的曲折，更不要抱怨生活中存在太多的不公。

挫折是成功必经的过程

翔翔从小就是个品学兼优的好孩子，而且一直担任班长的职务。可是，到了小学五年级班干部换届选举的时候，翔翔却没能当选班委委员。原因竟然是同学们认为他的工作能力不够强。

对于这样的“遭遇”，翔翔难以承受。回到家后，他委屈地向妈妈哭诉了事情的原委。告诉妈妈自己再也不想上学了！

不管妈妈怎样劝说，翔翔就是把自己关在房间里，既不出来吃饭，也不听妈妈的劝告。现实生活中，像翔翔这样不堪一击的孩子并不少见。这多是因为他们一直生活在优越的环境中，生活总是非常顺利，可是如果遇到一点点不顺心的事情就感觉无法接受。情况较轻的，他们会感到非常的失落；情况严重的，他们会做出伤害他人乃至自己的行为！

男孩们，我们要明白生活中遇到挫折是很正常的，所以没必要感觉像是塌了天似的难以承受。遇到事情要敢于战胜内心的恐惧，尽快从失败的阴影中挣脱出来。只有这样才能更好地去面对生活，迎接新的挑战。

曾经有一个渔民，他的捕鱼技术可以说是无人能敌，周围的人都对他非常

佩服。长时间下来，依靠捕鱼他攒下了一笔可观的家产，生活非常的富足。可是这一切并没有让他感到多么的高兴，因为他的儿子们并不擅长捕鱼，即便是他用尽全力，孩子们的技术还是没有长进。

于是他经常向人倾诉心中的苦恼："我真想不明白，我捕鱼的技术这么好，我的儿子们为什么这么差？我从他们懂事起就传授捕鱼技术给他们，从最基本的东西教起，告诉他们怎样织网最容易捕捉到鱼，怎样划船最不会惊动鱼，怎样下网最容易'请鱼入瓮'。他们长大了，我又教他们怎样识潮汐、辨鱼汛……这么多年我积累下来多少宝贵的经验啊！我把这一笔宝贵的财富一点一滴毫无保留的都传授给了我的儿子们，但是他们怎么就不长志气呢？他们的技术都不及那些普通渔民的孩子啊！"一位路人听了他的诉说后，问："你一直手把手地教他们吗？"

"是的，为了让他们学会一流的捕鱼技术，我教得很仔细、很有耐心。"

"你是让孩子们一直跟着你学的吗？"

"当然，要不孩子们会多走很多错路、弯路，跟着我学习，他们就会省去很多不必要的麻烦。"路人说："这样说来，你的错误就很明显了。你只是传授给了他们技术，却没有传授给他们教训，对于才能来说，没有教训与没有经验一样，都不能使人成大器。"

挫折就一定是坏事吗？或许人们往往把人生中经历的大小磨难看做是纯粹消极的、应该完全否定的东西。当然，外界的折磨不同于主动冒险，冒险有一种挑战的快感，而我们忍受折磨总是迫不得已的。清代金兰生在《格言联璧》中写道："经一番挫折，长一番见识；容一番横逆，增一番器度。"因此我们可以看出，我们所经受的那些苦，那些痛，其实并没有自己想象的那样可怕，它是一种力量，是一种催促人前进的力量。如果一路都是坦途，那只能像渔夫的儿子那样，沦为平庸之人。

男孩们，挫折是成功路上必经的一个过程，经历了风霜，你才会被磨炼的更为坚强。

1. 信心相伴，一路才会更勇敢

办法远比困难多，我们要对自己充满信心，因为有信心才会有接受挑战的

勇气和力量。男孩们，或许你的成绩一直非常优秀，如果偶尔出现滑坡，你也不要自暴自弃，你要做的就是从中汲取教训，然后带着高昂的斗志和坚定的信心迎接下一次的检测。

2. 承受的越多，你学到的才会越多

如果遇到打击，你坚持不住，放弃了，那么你也就注定失败。如果你敢于承受起这份重压，继续迈着步子前行，那么你从中收获的将是你意想不到的。男孩们，“天将降大任于斯人也，必先苦其心志”，相信你会挺过所有的风雨，成为打不倒的男子汉！

心理悄悄话

男孩们，锋利的宝剑需要心血与烈火的淬炼；绚丽的彩虹在狂风暴雨后才会出现。让我们直视挫折、磨炼，坦然而勇敢地面对，谱写出我们人生最华丽的篇章！

逆境才能更好地证明实力

生活充满着各种各样的色彩，不可能是单一的欢乐或痛苦，不同的经历带给我们不同的生活体验。有顺境，当然也有逆境，一帆风顺的人生是不可能的。即便是那些闪耀着光芒的名人，他们在成功的道路上也是历经了不少的挫折和磨难，也是进行了无数的挣扎与反抗。所以，当我们遇到挫折时，不必怨天尤人，而是要勇于面对逆境，积极地与逆境抗争。所谓“谋事在人，成事在天”，是说运气对每一个人都很重要。在这个世界上谋事者芸芸众生，成事者寥若晨星。如果你不去拼搏，那又怎么能成事呢？总之，逆境和挫折其实是检验你能力如

何的一个很好机会，越挫越勇才能成就不一般的自己。男孩们，我们或许经历过多少的不如意，也或许在逆境中苦苦挣扎过，不要怕，相信自己，因为在艰难的时刻你才能更加清楚地知道自己到底有多优秀。请你记住：不论遇到什么挫折，身处怎样的逆境，都不能放弃。

有这样一个男孩，他出生在美国的波士顿，从小就遭受命运不公的待遇，3 岁时，他失去了自己最亲的人，成了一个可怜的孤儿。后来，当地一位做烟草生意的商人收养了他，并送他上学读书。善于经商的养父始终不理解爱写诗的他，更不喜欢他，常常骂他是个“白痴”。长大后，他的浪漫不羁与养父的循规蹈矩形成了鲜明的反差，两人不可避免地发生了激烈的冲突，最终他被赶出家门。

后来，他进了美国西点军校就读，酷爱写诗的他竟然无视校规，不参加操练，而被军校开除。从此以后，他用写诗来打发自己的时光。

在他 26 岁时，他遇见了生命中最重要的女人——表妹维琴妮亚。两人不顾世俗的眼光与阻挠，相爱并很快结婚。这是一段令他刻骨铭心的时光，也是他一生中最难以忘怀的美好回忆。

婚后，因为贫困潦倒，他们甚至连每月 3 美元的房租都无法支付，常常饿着肚子。体弱的妻子因为不堪重负而病倒了，他只能眼睁睁地看着，无能为力。很多人嘲笑他、讥讽他，说他是个十足的“穷鬼”，连自己的妻子都养活不了，而他的妻子面对人们的讥笑，始终对他不离不弃。他们用真爱演绎了世间最牢固的爱情。

在这样困苦的环境中，酷爱写诗的他始终没有放弃手中的笔，每天都在疯狂地写诗，将自己对妻子的爱深深地融入到文字中。他渴望有朝一日能改变现状，让妻子过上好的生活。就是这种强烈的渴望支撑着他，让他忘记痛苦，忘记世间所有的不快，一心只想着要“成功”，要“奋斗”。

然而，尽管他从未放弃努力，但深爱他的妻子还是带着眷恋与不舍离开了他。几近崩溃的他忍着悲伤的泪水，把对妻子所有的爱恋都付诸笔端，终于写出了闻名于世，感人肺腑的经典诗作《爱的称颂》，并最终获得了巨大的成功。

“每次月儿含笑，就使我重温美丽的‘安娜白拉李’的旧梦；每次星儿升

空，就像是我那美丽的‘安娜白拉李’的眼睛，因此啊！整个日夜我要躺在——我爱，我爱，我生命，我新娘的身旁，凭吊那海边她的坟墓……”如此深情的诗文，让人感动、难过，想必他的爱妻如果泉下有知，也该感到欣慰了。

男孩们，故事中的人物就是爱伦坡。这位美国历史上伟大的作家和诗人，这个在世界文学史上留下了深刻一笔的文学天才，他用自己的实力向整个世界证明了自己，即便身处逆境，他也照样能走出灿烂的人生。当初，因为穷困潦倒，他将自己的诗仅卖了10块钱，而被人嘲笑为“弱智”，而这首诗花了他整整10年的时间；曾经，“穷鬼”一词变成了他的代称，生活的一连串打击一度让他几乎崩溃，走投无路。这一切都成为了成功的铺垫，他所经受的磨炼在岁月里只会把他变得更加优秀。

“逆境出人才”，这句话是很有道理的，我们要辩证地看待问题，不要总是感觉逆境就是坏事。

1. 逆境增长人的理念与知识

当人们发现，这条路他们走错了，他们就多知道一条错的路是怎么走的，所以其人生的见识以及种种的经验就更丰富了。

2. 逆境容易激发人们的潜能

其实，每个人都有着很多潜能没有爆发出来，逆境就是那股激发你潜能的力量，在逆境中你能看到一个令你不敢相信的自己。一个不畏艰难的人纵使为环境所困，但他们反而会越挫越勇，面对困难不后退，直起胸膛，坚定意志，勇敢地迎上去，因此越发容易获得成功。

心理悄悄话

男孩们，鲁迅先生说过：“真正的勇者，敢于直面惨淡的人生。”只有那些成功摆脱自身、家庭、社会的桎梏，超越原有的局限，将个人的能量尽量的放大开来的人，才是真正具备了人才的素质。所以说：“逆境出人才。”男孩们，不要在逆境中消沉，我们要挣脱困难的魔爪，向大家证明自己到底有多优秀。

勇敢一点，打破你的极限

孟子曾经说过："天将降大任于斯人也，必先苦其心志，劳其筋骨，饿其体肤，空乏其身，行拂乱其所为，所以动心忍性，增益其所不能。"自古圣贤多磨难，很多时候，没有经历磨难，往往难成大器，而很多成功人士都是勇敢地跨越了生活的坎，才能在事业上取得惊人的成就。男孩们，不要害怕前方的黑暗，勇敢一点，你一定会打破你的极限。

凯文有着一个悲伤的童年，那可以说是一段惨痛的人生经历。在他十岁的时候，他的母亲因为生病而永久地离开了他，由于凯文的父亲是个长途汽车司机，经常不在家，也无法提供凯文正常的生活所需，因此，凯文自从母亲过世之后，就必须自己学会洗衣、做饭，并照顾自己。

即便如此艰难，他人生中的悲剧并没有宣布结束。凯文母亲去世七年之后，他的父亲也在一场车祸中离开了人世。一时间天好像都塌了下来，母亲走了，父亲也走了，凯文连一个至亲都没有，往后的日子里该如何生活，他已经感到了绝望，因为他不敢想象自己能否勇敢地去面对这无依无靠的人生。

过了一段时间，凯文终于走出了伤痛，决定要努力勇敢地活下去。只是，噩梦还没有结束，在凯文走出悲伤，开始独立养活自己之时，却在一次工程事故中，失去了左腿。

然而，一连串意外与不幸，反而让凯文养成了坚强的性格。从此之后，凯文开始锻炼自己的能力，他学着用拐杖走路，哪怕是一次次摔倒他也绝不请求帮助，慢慢地，他的自理能力逐渐提高。最后，他将所有的积蓄算了算，正好足够办一个养殖场。

但上帝似乎真的存心与他过不去，一场突如其来的大水，将他的最后一丝希望也夺走了！

凯文最终感觉自己无法忍受了，他怒气冲冲地来到上帝面前责问到："为什么？为什么要这样对我？这是不公平的，我已经承受了太多太多！”

听到凯文的怒吼，上帝笑了笑，语气平淡地问道：“此话怎讲？”

凯文将他的不幸，一五一十地仔细说给上帝听。

上帝听完了凯文的遭遇后，又问：“原来是这样啊！的确很凄惨，那么，你干吗还要活下去呢？”

凯文听到上帝这么嘲讽他，真是又恨又气，他说：“不可能，我不会轻易自杀！这么多年，我所遭受的痛苦那么多，都已经挺过来了，所以我已经无所畏惧。总有一天我会依靠自己的力量，创造自己的幸福！”

上帝这时转身朝向另一个方向，用手指着一个人并温和地对凯文说：“你看这个人生前比你幸运许多，他可以说是一路顺风地走到生命的终点。不过，他最后一次的遭遇却和你一样，在那场洪水里，他也失去了所有的财富。不同的是，他之后便绝望地选择了自杀，而你却坚强地活了下来！”

男孩们，相信这个故事会给你带来很多启发。每个人都充满着无限的潜能，只是很多人在困难面前却表现的极为被动，因为他们没有一颗勇敢的心来面对挑战，打破自己的极限。

1. 咬牙做自己不爱做的事情

遇到一点小挫折就想逃避？那么这时候你应该咬紧牙关督促自己去做不喜欢的事情。万事开头难，只要挺过开始的艰难时期，光明就会出现。比如，坚持晨跑的人，一开始总是贪睡，觉得早起是难以想象的苦差事。可当他坚持一个星期、一个月后，他就会觉得那些爱睡懒觉的人，是在浪费大好时光。

2. 自我鼓励，我们还可以往前迈进

很多时候，只要你往前再跨一步就能到达成功的彼岸，关键是你是否能够坚持去跨越这最关键的一步。男孩们，学习中也是如此，当你有困难就失去耐心的时候，我们要学会鼓励自己，告诉自己再坚持一下，那么成功就离你越来越近。

心理悄悄话

勇敢地面对挫折，即使身陷黑暗的深渊，也有重回光明的一天。挫折就是生活给我们的考验和历练，只要我们承受住了，那么我们今后的人生将会变得更加精彩。

再难，我们也要学会坚强

林肯天下无敌，而且他从不放弃。他有选择放弃的权利，逃避他一生中经历的磨难，然而这不是他的作风。他不畏惧、不退缩，他选择了坚强面对。正因如此，才成就了他的一生，成为美国历史上最伟大的总统之一。

以下是林肯进驻白宫前的简历：

1816 年，全家被赶出了居住的地方；

1818 年，母亲去世；

1831 年，经商失败；

1832 年，竞选州议员但落选；

1832 年，工作也丢了，想就读法学院，但进不去；

1833 年，向朋友借钱经商，但年底就破产了，接下来，他花了 16 年，才把债还清；

1834 年，再次竞选州议员，赢了；

1835 年，订婚后即将结婚时，未婚妻却死了，因此他的心也碎了；

1836 年，精神完全崩溃，卧病在床 6 个月；

1838 年，争取成为州议员的发言人但没有成功；

1840 年，争取成为选举人，但失败；

1843 年，参加国会大选，落选；

1846 年，再次参加国会大选，这次当选，前往华盛顿特区，表现可圈可点；

1848 年，寻求国会议员连任，失败；

1849 年，想在自己的州内担任土地局长的工作，被拒绝；

1854 年，竞选美国参议员，落选；

1856 年，在共和党的全国代表大会上争取副总统的提名，得票不到 100 张；

1858 年，再度竞选美国参议员，再度落败；

1860 年，当选美国总统。

“此路艰辛而泥泞。我一只脚滑了一下，另一只脚也因而站不稳，但我缓口气，告诉自己：这不过是滑一跤，并不是死去而爬不起来。”林肯在竞选参议员落败后如是说。

男孩们，看到这些相信大家知道了什么才是磨难，什么才是坚强。如此多的波折，如此大的打击，可是林肯还是坚强的走了过来。与其相比，我们平日里郁郁寡欢的那些事情真的是不至于吧？我们从他身上一定要学会一种精神，那就是“坚强”。

贝多芬是世界著名的音乐家，也是命运最糟的一个。

童年，贝多芬是在泪水浸泡中长大的。家庭贫困，父母失和，造成贝多芬性格上严肃、孤僻、倔强和独立，在他心中蕴藏着强烈而深沉的感情。他从 12 岁开始作曲，14 岁参加乐团演出并领取工资补贴家用。到了 17 岁，母亲病逝，家中只剩下两个弟弟，一个妹妹和已经堕落的父亲。不久，贝多芬得了伤寒和天花，几乎丧命。贝多芬简直成了苦难的象征，他的不幸是一个孩子难以承受的。尽管如此，贝多芬还是挺过来了。他对音乐酷爱到离不开的程度。在他的作品中，有着他生活的影子，既充满高尚的思想，又流露对人间美好事物的追求、向往。对美丽的大自然他有抒发不尽的情怀。

说贝多芬命运不好，不仅仅指他童年悲惨，实际上他最大的不幸，莫过于 28 岁那年的耳聋。先是耳朵日夜作响，继而听觉日益衰弱。他去野外散步，再也听不见农夫的笛声了。从此，他孤独地过着聋人的生活，全部精力都用于和

聋疾苦战。贝多芬活在世上，能理解他的人太少了，而唯一能给他安慰的只有音乐。他作曲时，常把一根细木棍咬在嘴里，借以感受钢琴的振动，他用自己无法听到的声音，倾诉着自己对大自然的挚爱，对真理的追求，对未来的憧憬。他著名的《命运交响曲》就是在完全失去听觉的状态下创作的。他坚信“音乐可以使人类的精神迸发出火花”。“顽强地战斗，通过斗争去取得胜利。”这种思想贯穿了贝多芬作品的始终。

男孩们，这些伟人的光环让我们每个人羡慕、崇拜，可是他们背后的故事更让我们惊叹。我们应该从林肯、贝多芬等名人身上学习他们的这种精神，不管遇到什么问题都要坚强的应对。

1. 努力提高自己

要努力提高自己，让自己有一技之长，努力成为一个能者，能者面对困难才能更加乐观。我们要多学习一些知识，多看书，从书本故事中汲取力量，培养乐观的心态。此外，懂得的东西多了，应对问题才能更加地积极不畏惧，更有底气。

2. 有吃苦耐劳的精神

男孩们，吃得苦中苦，方为人上人。学习不是一时的事，我们要想在学习中不断保持进步，就需要有吃苦耐劳的精神。要保持一种革命精神，不怕苦不怕累。比如，坚持锻炼，早起读书，认真完成作业……都需要严格要求自己，切忌半途而废。

心理悄悄话

男孩们，我们现在处于学习阶段，主要任务就是学习。现在的生活条件越来越好，我们不要养成一些坏习惯，过分地依赖父母，遇事退缩，不管不顾。长期下来，长大之后吃亏的还是你自己。

第14章　心理健康
——学会自我调节梳理各种心理问题

男孩们，随着年龄的增长我们会面临越来越多的事情，因此也会出现很多的心理问题，这时候我们需要学会自我调节才能及早的走出各种困惑。我们生活在社会的大环境下，家庭、学校、社会等因素都会对我们产生一定的影响，面对这些我们该如何把控好自己呢？本章内容会对此逐一分析。

积极心态对待班级竞选

竞选班干部在学生们眼里是一件充满自豪感的大事，班干部是班里的领导，连接着老师和同学，在班级的发展中起着很大的作用。许多孩子从踏入小学的那一刻就期待自己能成为班级的一名小干部，可以协助老师，帮助同学，为班级的发展尽一份力。尽管这是很多人的梦想，但是班干部的名额毕竟是少数，所以很多学生没法竞争到班干部的职位。特别是一些男孩子，怀有一颗为班级做事的心，不免就会抱怨，为什么每次选班干部都没自己的份呢？这一问题有时还会困扰这些男孩子，让他们觉得自己不够优秀。下面的这个案例就代表了很多学生的心声。

张宇民一直是个积极的学生，对班里的事情很热心，是老师的得力助手，班里的大小事情都缺不了他。可是每次选班干部，张宇民都会落选，最多也就是做个小队长。张宇民一直不明白，为什么自己总选不上，是不是因为自己不优秀，还是自己做事不够好，渐渐地张宇民就不再像从前那样积极了。老师看

到张宇民渐渐消沉下去，就派张宇民跟班长一起组织最近的篮球比赛。

课间的时候，张宇民跟班长还有体育委员一起讨论这次参加比赛的人员，最后人员都差不多了，就是差一个有力的后卫，体育委员一筹莫展。张宇民一下子想起了陈林，说："叫陈林上，他控球能力超强，当后卫肯定行。"体育委员听了一拍大腿说，"对呀，我怎么没想到，还是你点子多。"

放学的时候，班长通知那些定下来的同学留下，大家在教室里商量比赛的事儿。可是有几个同学提出不想参加比赛，尤其是张宇民举荐的陈林。陈林说自己那天要跟父母去奶奶家，给奶奶祝寿。张宇民一听就很生气，这是给班级争荣誉的好机会，晚一会儿去奶奶家又怎么了。再说后卫不好找，就陈林最适合，他还推三阻四地推荐别人，拿什么架子。结果张宇民和陈林争得不欢而散。第二天还是体育委员和班长耐心地做陈林的工作，才说服陈林参加比赛。张宇民看着班长和体育委员说服陈林时的样子，终于明白了为什么自己一直不能选上班干部的原因。原来除了激情之外，做事情还要学会体谅别人，要有耐心。自己虽然能力也不错，总能解决一些关键难题，但是耐心和宽容却比不上班长和体育委员。张宇民知道了自己的不足，不再消极地对待选班干部这件事。他还是像以前那样积极帮助老师和同学，而且，在做事情的过程中，克服缺点锻炼自己。老师看着张宇民的变化很欣慰也很欣赏，觉得这个孩子是个可塑之才。

男孩们，没有竞选到班干部并不代表你不是优秀的，只是不同的班干部职位需要不同性格和能力的学生。在选班干部时，很多因素都要考虑进去。其实，我们不要因为失去班干部一职而郁郁寡欢，我们要正确对待班级竞选这一事情，不管在什么职位上，都可以为班级、为同学贡献自己的一份力量。如果你能竞选到班干部，那就做好自己最大的努力，争取各方面提升自己，以下几点是你必须记住的：

1. 情绪积极而稳定

男孩们，同样是班干部，有的人受人喜欢而有的人招人反感，为什么？其实个人情绪也是一个很大的方面。那些积极向上、充满正能量的人容易给人力量，受人喜欢；那些喜怒无常、消极悲观的人会影响与同学的关系，使同学反感。

2. 要激发缜密思考问题的能力

男孩要有独到的眼光，看清事物的本质，了解人们的内心。当你能从多方面观察事物，从多种问题中把握其核心，从而做出正确的决策，这就是具有领导意识的表现。

心理悄悄话

男孩们，要想成为班里的领导干部，你必须要有创造性处理问题的能力。要让自己的工作能力、思维判断能力、执行能力不断提升，这样才能成为一名称职而又给班级带来贡献的优秀干部。

走出父母离异的阴影

每个人都希望自己能生活在一个和谐幸福的家庭里，父母恩爱，家人融洽相处。可是在实际生活中并不排除一些关系发展的比较恶劣的家庭存在，他们甚至一步步走向解体。如果孩子夹在中间，那他到底该如何处理呢？因此总是存在着一些因父母关系恶化甚至离婚导致心理受到极大打击的孩子，假如你恰恰身在其中，该怎么办呢？

妮妮在小学四年级的时候，父母总是吵架，到最后竟然走到了离婚这一步。后来爸爸给妮妮找了个后妈，在以后的日子里，妮妮充分感觉到了后妈的恐怖，白眼几乎是家常便饭，后妈和她的爸爸也经常为一点小事儿吵架。最倒霉的是，妮妮的后妈还和她的爸爸生了个小弟弟，这以后，妮妮感觉爸爸没有以前那么疼她了。后妈对妮妮越来越没有耐心，她经常为了一点小事就骂妮妮、打妮妮。在妮妮看来，大部分的后妈都是一样的，只喜欢自己的孩子，根本不喜欢自己。平时，看到别人跟自己的父母在一起过得很开心、很高兴时，妮妮心里就难受，

别人觉得很可笑的事情，妮妮一点也感觉不到快乐！渐渐的，妮妮变得越来越孤僻，学习成绩也越来越差，总是喜欢自己一个人待着。每天放学回家，她都感觉到很害怕也很排斥，闲暇的时候她就自己待在屋里偷偷地抹泪。

妮妮这种情况在生活里很常见，她们受到父母离异的影响，失去了父母的爱，他们中的很多人往往从此将自己的心扉对同龄人封闭起来，独往独来。这会进一步加重其孤独感和自卑感。

从小强强就生活在一个充满着欢声笑语的家庭里，一直以来都是父母的宝贝。记得有一次，强强在幼儿园扭了脚，爸爸妈妈急得什么似的。爸爸买来了强强喜欢的汽车玩具和许多好吃的食品，妈妈请了几天假陪伴着他。强强躺在床上，妈妈用手轻轻地抚摸着他的小脸蛋，给强强讲一个又一个的童话故事。只要强强说声“疼”，妈妈就急忙帮他按摩……

如今，这一切已成了强强痛苦的回忆！在强强 14 岁的时候，温暖的小天地崩坍了。强强妈妈爱上了别人，同父亲离了婚。法庭判决强强跟爸爸一起生活。当时强强大哭，求着妈妈不要离开他和爸爸。然而一切不是强强能够挽回的。春节到了，听着左邻右舍噼啪作响的爆竹声和轻松欢快的笑声，强强双手托着腮，望着独自喝闷酒的爸爸，心里涌起了可怕的孤独凄凉感。

这以后，强强像变了一个人，不喜欢文体活动，也不合群，总爱一个人呆呆地坐着发愣。上课时，强强看似在专心听讲，可老师一提问，他却一片茫然，什么都不知道。

其实，大部分受到家庭影响的孩子极易产生很多心理压力，成为产生心理障碍的根源。失去家庭温暖的青少年，还有可能产生自卑感，甚至自暴自弃。由于父母给他们带来了很大的心理伤害，很多孩子不再愿意相信任何人，甚至变得自弃而又孤僻。更有甚者，有的孩子得不到应有的归宿，逐步走上犯罪的道路。男孩们，遇到这种情况，你怎么做呢？是离家出走威胁父母，还是暗自流泪，逃避不幸呢？也许你不知所措，也许你感到迷茫，积极的做法应该是下面这样的：

1. 必须要坚强起来

如果你不幸面临这种情况，你首先要面对现实，选择坚强起来。不要怕生活的改变，一切变化都可以适应，只要你努力，什么事情都会过去的。

2. 调整心态

如果事情已经成定局，一味地堕落会毁了自己。我们要尽快接受现实，走出这段痛心的日子。其实，父母都是成熟的大人，在分手之前必然经过了深思熟虑。在不少家庭中，父母离异或许能使大家都得到精神上的解脱，过上幸福的生活。如果我们总是沉浸在伤痛中，寻找各种不良的方式麻痹自己，那么终有一天你会后悔的。

心理悄悄话

青少年正处在长身体，长知识的时期，对大自然和社会都充满了新鲜感和好奇心。如果能把注意力及早地从父母离异的痛苦中转移到文化知识或运动娱乐方面，不仅能使自己的心境尽快好转，而且能从有益的学习和活动中大受益处。逆境成才的事例中，不是有许多类似的情况吗?

不要掉入游戏的陷阱

王书龙是初一五班的一名学生，原来的他勤奋好学，是老师表扬的对象、爸爸骄傲的资本。可是在本年级下学期的时候，他迷上了网络游戏。王书龙经常整夜地泡在网吧玩游戏，学习成绩急剧下降，最后考试时，各门功课都不及格。一到假期，他更是没日没夜地泡在网吧。爸爸和王书龙交流，王书龙却说自己也想好好学习，可是却做不到，一学习就难受，只有玩游戏时才会觉得轻松。而且如果自己不去玩游戏，心里就特别着急，浮躁，根本学不进去。

相信王书龙的情况很多男孩都遇到过或者正在苦恼着，王书龙不会管理自

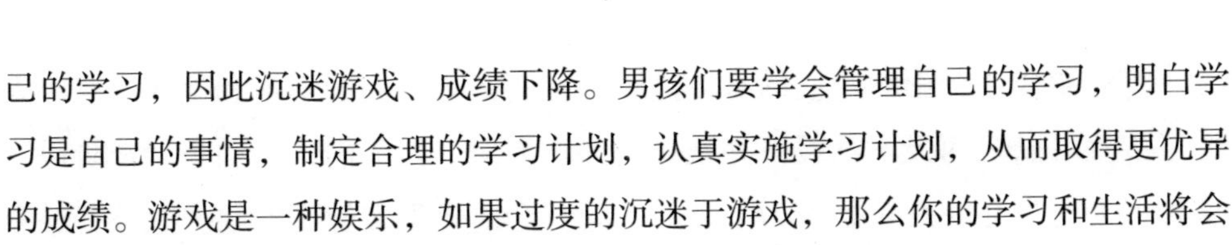

己的学习，因此沉迷游戏、成绩下降。男孩们要学会管理自己的学习，明白学习是自己的事情，制定合理的学习计划，认真实施学习计划，从而取得更优异的成绩。游戏是一种娱乐，如果过度的沉迷于游戏，那么你的学习和生活将会受到极大的影响。

李敬今年上初二了，一直以来他的学习成绩在班里还是不错的，平日里他的心思也是都放在学习上。最近学校附近开了一间网吧，这天放学，李敬和一群同学一起回家，同学们一直怂恿他去网吧玩一会儿，他招架不住，于是李敬就跟着进去了。该游戏所创造的世界，是一个物欲横流、金钱至上、充满欺凌和诈骗，毫无公平竞技、毫无道德感的社会。该游戏暴力、恐怖、血腥、赌博泛滥成灾。在部分游戏场景中大量出现血肉模糊、腐烂的尸体以及大量白骨。李敬看到之后感觉实在是非常暴力与可怕，但是同学们极力要求他一起玩，他也不想惹得大家反感，于是就开始陪同学玩。刚开始，李敬看着游戏里的场景特别恐怖，打打杀杀的过程让他觉得游戏原来如此血腥，心里不妨感到有些害怕。但是，玩了一阵之后，他感觉似乎被吸引了进去，每当打中敌人时，就会赢得一些经验，可以让李敬等级提升，他还可以任意杀戮弱小的玩家。这些不断地刺激、诱惑李敬，他从来没有接触过这么有意思的东西！时间不早了，李敬和那些同学们一起离开网吧，此时的李敬心里是非常的不舍，感觉玩游戏是一件非常开心、刺激的事情。次日下午，他们又约好来到网吧，他就此沉迷于这款危险的网游之中，甚至，他还偷家里的钱去买装备，以求更好地杀戮对手。李敬的学习也受到了极大的影响，从原先的前几名滑落到下游水平，平时还总是偷偷摸摸去网吧，周末的时候在网吧一待就是一天，他还结交了一些不务正业的社会青年，严重脱离了自己的生活轨迹。在生活中，他也变得越来越扭曲，经常莫名其妙地发火。

男孩们，网络成瘾给你们带来最直接的危害就是严重影响学业，轻者学习下滑，重者逃课、辍学。网络中各种不健康的内容，也可造成青少年自我过分放纵，使法律及道德观念淡薄，人生观、价值观扭曲。所以说，及时走出来吧，不要毁掉自己的人生。

1. 认识到沉迷游戏的危害

沉迷游戏还会影响我们的身体健康，从而影响我们的学习和生活。有些人为了游戏可以一两天不吃饭，甚至一周只吃泡面。男孩们，我们是发育阶段，这种行为对身心的发育是极为不利的，同时会造成很多健康问题。此外，经常玩游戏，眼睛和大脑容易疲劳，久而久之，会使我们的视力下降，大脑反应迟钝。另外，我们的腰、颈、肩、肘、腕等关节也会受到不利影响。

2. 上网之前先订目标

每次花两分钟时间想一想你要上网干什么，把具体要完成的任务列在纸上。不要认为这个两分钟是多余的，它可以为你省 10 个两分钟，甚至 100 个两分钟。

3. 多去参加一些娱乐活动

可以尝试寻找一个组织现实活动的，有意义的俱乐部，参与他们的活动；与朋友们进行社交，少拒绝邀请，更多更主动地去邀请他人。这样可以重新融入社会，摆脱沉迷。

心理悄悄话

克服自己的网瘾，归根结底还是需要自己顽强的意志力，男孩们，想一下，如此大好的青春岁月，如果你浪漫大部分的时间去玩游戏，因小失大，严重影响学业，影响前途，到底值得吗?

男孩要与虚荣心说再见

虚荣心是一种扭曲的自尊心，它是自尊心的过分表现，它是一种追求虚表的性格缺陷，它是人们为了取得荣誉和引起普遍的注意而表现出来的一种不正常的社会情感和心理状态。不可否认，这种心理是消极的，如果你一味去追求

“虚假”的东西来满足自己膨胀的“自尊心”，长期下来自己就会逐渐失去真实，失去自我。

对于青少年来说，你们的虚荣心主要表现在攀比上。同学之间总是比较谁吃得好，谁穿的是名牌，谁的家境非常的宽裕，谁家的轿车更气派……当然还要比自己，一定要自己做得比别人好，自己能力比别人强，心理才会平衡。其实，这种扭曲的虚荣心理，对青少年的健康成长是极为不利的，它会促使孩子树立不正确的人生观和价值观，还会引起其他的心理问题。

在学校里，龙龙经常会看到同学之间互相攀比的现象，比如谁的书包好看，谁的手表最值钱，谁的生日蛋糕最大，谁的爸爸最有钱等。

龙龙也在不知不觉间越来越在乎自己的衣服或者鞋子的“牌子”了。

这是源于他听到的一次同学间的谈话。

章小刚：“我的鞋是‘李宁’牌的。”

李明明：“现在还穿‘李宁’？真老土！我早就不穿国货了，我都穿‘耐克’的。”

听着他们嘴里蹦出的这些名牌，看看自己寒酸的球鞋，龙龙整个下午都闷闷不乐。回到家里龙龙就冲着爸爸嚷嚷：“爸爸！我的球鞋该换了，我要买‘耐克’！”

爸爸瞪大了眼睛，“你不穿得好好的吗，哪儿该换了？”

“班上的同学都穿名牌，好像就我穿这么土的鞋子。”龙龙一脸委屈。爸爸放下手里的遥控器：“龙龙，和爸爸说说，到底怎么回事，为什么突然觉得你的球鞋土气呢？你不是最喜欢这双鞋子的吗？”

“本来就是，班上的同学穿的鞋子都比我的好看，而且都是名牌，现在我都不和他们一起走，怕他们笑话我。”龙龙越说越委屈，眼泪都差点流出来。

爸爸笑了，“傻孩子，你经常拿自己去跟别人比，比来比去，这是不对的。难道你们班只有你一个人不穿名牌吗？再说了，你们现在还是学生，关注的应该是谁的成绩好，而不是谁的鞋子贵吧？”“你这是虚荣心在作怪。”爸爸又拿起了遥控器，“爸爸不是小气不给你买，而是你这个小子现在‘鬼点子’多了，还学会攀比啦！如果你真的需要，周末爸爸带你去买，好好想想吧。”

回到房间龙龙怎么也睡不着，按理说爸爸答应了自己应该很开心才对啊……难道真的像爸爸说的那样自己越来越虚荣了吗？

是的，现在学校里这种情况是非常普遍的，很多学生明明家境并不宽裕，却一身名牌，甚至有的学生的一身衣服需要花费父母一个月的工资。男孩们，我们现在还是学生，主要任务就是学习，为什么不多花点心思比较一下谁的成绩更好，谁的表现更突出呢？不要太在意外界的眼光，做好自己，相信你会用自己的能力证明你的优秀，而不是靠那些外在的虚荣。

虚荣心给人们带来的麻烦和苦恼也是有目共睹的，所以，我们一定不要成为虚荣的奴隶，应摆脱虚荣的拘束。要摆脱虚荣心，我们可以从以下几点来做。

1. 追求真善美

我们要追求本真的美，做一个内在修养很优秀的人，而不是靠外在的虚荣来压抑自己。一个人追求真善美就不会通过不正当的手段来炫耀自己，就不会追求虚名，也不会通过一味地比较来满足自己内心的虚荣。

2. 要注重比较的对象

你要明白，你所比较的东西是自己努力换来的吗？横向地去跟他人比较，心理永远都无法平衡，只会促使虚荣心越发强烈。一定要比，就跟自己的过去比，看看各方面有没有进步。

3. 拥有实事求是的作风

过于虚荣的人往往都缺乏脚踏实地的思想作风和工作作风。能满足虚荣心时就有很高的热情，一旦虚荣心得不到满足，情绪就会一落千丈。所以说，做一个脚踏实地的人，立足于现实，通过自己的努力去完善自己，这样才会拥有真才实学和实事求是的品质。

心理悄悄话

男孩们，一个人的价值如何，不在于他的自我感觉，而在于他行为的社会意义。只要树立正确的人生观，具有远大的人生目标，就不会为一般的荣誉、地位和一时的虚荣所缠绕，而是为更高的价值努力奉献。

追星，不要追丢了自己

李阳是初二年级三班的一名学生，他是林俊杰的粉丝，可以说简直到了痴迷的地步。因为小学时无意间从电视中听到林俊杰的歌声，被林俊杰动人的歌声、潇洒的舞姿深深打动，从此李阳就悄悄地把林俊杰作为崇拜和学习的偶像。李阳拿出自己平时的积蓄，买了一个随身听和一大堆林俊杰的专辑盒带，一有空就听着、唱着、学着。电视节目里只要一出现林俊杰的面容，他就会立即放下作业，“飞”到电视机旁；甚至他还用平日里的生活费想方设法地去看林俊杰的演唱会，还特意买了一张林俊杰的照片，放在桌子上，在上面工工整整地写道：“向他学习。”结果到了期末考试，门门功课都不及格，被迫留级。

现如今，很多青少年对影视明星非常的痴迷，“追星”逐渐成为一种校园时尚话题，他们的行为可以说是五花八门，有的甚至把追星当做生活中最重要的事情，迷恋的程度简直让人无法想象。青少年崇拜明星的追星行为，是他们在这个阶段独特的心理反应。但青少年如果“追星”追到如痴如醉、如梦如幻的地步，就会导致严重的问题。因此，青少年要克制自己的行为，认清事情的本质，不要因为追星而迷失了自己，耽误了学业。

初二的学生小雨是个哈韩族，帅哥组合 Super Junior 是她的最爱。平日里，父母给她的零用钱，她总是存起来，有时还撒谎说自己要买学习用品，实际上却是用这些钱拿来买跟 Super Junior 有关的海报和 CD。小雨把收集来的海报贴得满屋子都是，用海报给教科书包的书皮一拿到学校就能引发同样喜欢 Super Junior 的女同学们一阵尖叫。小雨的 MP3 里全是 Super Junior 的歌，只要一回到家，就直接钻进自己的屋子里去听音乐，就连写作业的时候都在听。有好几次妈妈关掉了她的 MP3，她却和妈妈争执：“不听音乐我写不进去。”那些追星族必备的基本功小雨也是毫不含糊，所有成员的生日、血型、兴趣爱好她统统都知道，哪一期的娱乐杂志有 Super Junior 的消息，她都会毫不犹豫地买下来，

搜集新鲜的资料，讲给同学听，那样做让她觉得自己才是最铁杆的粉丝，为此，她感到无比的自豪。

对于小雨的行为，妈妈曾经不止一次地说她，可是怎么说也不听，她还振振有词地反驳道：“我又不抽烟，我又不玩网络游戏，不就喜欢听音乐嘛，不耽误学习就行呗！”有时，小雨一个人在房间里看着 Super Junior 的海报，会打电话给自己的小姐妹诉说情怀：“他们简直太帅了！我真希望现在自己已经工作了，那样的话不用向父母要钱，自己就能去韩国看他们的演唱会了！”

生活中很多人在追星的道路上迷失了自己，有的人荒废了学业，有的人走上了违法的道路，甚至有的人还为之轻生……对以上疯狂追星的种种表现，实际上是青少年的崇拜心理出现了障碍，也是青少年自制力不足与认知结构不完整的反映。因而，如果你是“追星族”的一员，希望你能把握好“追星”的度。

1. 不盲目追星

不要只关注表面的新鲜，忽略了深层的理解。你所崇拜的明星不仅能吸引你的目光，更能震撼你的心灵。男孩们，仔细想一下，你对他们的喜欢是不是仅仅是他们华丽的外表？你所崇拜的明星对你的健康成长有哪些帮助吗？我们要善于从他们身上学习一些好的人生经验和优秀品质，而不是盲目追星。

2. 切忌疯狂追星

总是活在别人的世界里，做着脱离现实的梦，为他人的一举一动而喜怒无常，有没有想到你自己呢？你把自己的人生丢哪里去了？男孩们，我们要以自己的正常生活为主，追星不是你生活的全部，做一个理智型的“追星”人吧！有一定的兴趣爱好也是好事，或许某一方面会给你带来一些生活的乐趣和动力，但是过度沉迷其中就会占据你大部分的时间，从而荒废了自己大部分的青春岁月。

心理悄悄话

男孩们，随着年龄的增长，追星会渐渐地淡出自己的生活。希望十几年、几十年后回首年轻时的经历，更多的是甜蜜的回忆，而不是后悔。

两肋插刀难道是真“哥们”

《钱江晚报》刊载过这样一则报道：

张某在某汽车租赁公司租了一辆丰田轿车自用，2010 年 7 月 25 日晚上 8 点左右，他接到一个朋友的电话，让他开车去接自己。张某二话不说，开着车就去了。很快，张某就接上了这位朋友，而且跟随朋友上车的还有三个不认识的人。朋友一上车，张某就发现他右手放在后面，好像有东西藏着。张某心生疑窦，但是没有多问。

车子开出不久，张某渐渐觉得不对劲了。这几个人讲的是方言，但大致意思自己明白，就是要去抢一家店里的赌博机。张某一开始还觉得有点儿不妥，但是看到朋友们都已经坐在自己车上了，张某觉得自己要是不答应，就是不讲朋友义气。在义气的支撑下，张某载着朋友径直开到了东阳市横店工业园区繁荣街的一家副食店。4 人下车后，持刀抢走了副食店的赌博机。

副食店老板娘不敢反抗，但默默记下了张某的车牌号码。根据这个线索，警方很快抓住了张某。

生活中很多人为了所谓的“哥们义气”，无法克制自己内心的冲动，导致最后做出无法弥补的过错，甚至步入监狱的大门。为了哥们义气，以身试法，最终受到法律严惩的人大有人在。这种行为真的是非常的愚蠢，是无知的冲动，是不值得提倡的。不仅社会上这种类似的行为有很多，其实，校园里也很普遍的存在着所谓的“哥们义气”。

张志宇是初二年级的男孩，和本校三年级的李民、学校附近的网吧老板徐小刚是好哥们。一天晚 10 点，张志宇在电影院看完电影，哼着小曲走进学校，遇到了刚下晚自习回宿舍的宣传委员。一想起白天值日的事情，张志宇便和他争吵起来。

回到宿舍后，张志宇操起一条板凳，冲进宣传委员的宿舍劈头就打。最后，宣传委员同宿舍的几个男孩将张志宇轰出了宿舍。当晚，宣传委员报告了学校保卫科。第二天学校就给了张志宇警告处分。

张志宇认为受了天大委屈，他找到了自己的“铁哥们儿”，然后便将宣传委员如何不服他的事添油加醋地向两位哥们儿倾诉了一番。之后，他们三个人就在外面各自拿了一根棍子，气势汹汹地来到学校，在阅览室里找到了正在埋头看书的宣传委员。

张志宇将宣传委员骗出校园，毫无防备的宣传委员刚走出校门，就被徐小刚、李民和张志宇三人团团围住。徐小刚二话没说上前朝宣传委员迎面就是一拳，李民又狠狠地踢了宣传委员一脚。看到他们抡起棍子，宣传委员转头就跑，但被张志宇、李民绊倒在地，徐小刚一棍子打下去，宣传委员当时就晕倒了。

这时，闻讯赶来的教师将宣传委员扶起。宣传委员立马被送去医院，后经抢救脱险。事发之后，徐小刚、李民、张志宇逃跑躲避责任，但是没几天就被当地公安干警抓获。

男孩们，这是多么可怕的一幕啊！都是朋友，却因为一点小事就闹得不可开交，甚至是闹出人命，至于吗？一人有事，多人以“友谊”“哥们”的名义聚众闹事，最后惹得满城风雨，不仅影响学业，也给自己的人生留下一个很大的污点，这是多么愚蠢的行为啊！希望男孩们看清友谊和所谓的“哥们义气”之间的区别，不要失去理智，也不要迷失心智。

1. 不要掉入哥们义气的陷阱

哥们义气是一种狭隘的小团体意识和小团体心理，只要我俩是朋友，或者你是我朋友的朋友，就有求必应，不分青红皂白，不计一切后果；哥们义气容易使人产生盲目的心理，在这种义气驱使下，人们往往会变得糊涂而失去理智；哥们义气只管交情，不管别的，良莠不分，善恶不辨，有交情就是朋友，哪管对方品质怎样，道德如何；“哥们义气”容易让人丧失心智，变得堕落，脱离自己原本的人生轨迹，更有甚者会走上违法犯罪的道路。

2. 要明白什么是真正的友谊

男孩们，真正的友谊是不会把你引入歪门邪道的，真正的友谊是相互帮助，相互了解，相互信任。当你有错误时，他们会为你指出，并且帮助你一起改正；

当你遇到高兴的事时，他们会为你感到高兴，给你鼓励和信心；当你有不会的题目时，他们会耐心地教你……一起共同进步，一起努力拼搏，这才是真正的友谊。

心理悄悄话

人与人之间本应平等互助，以诚相见，互相学习，互相帮助，不计恩怨，不拉帮结派。而出于“哥们义气”拉帮结派，会把正常的人际关系庸俗化，破坏了人与人之间的正常关系和真诚的友谊。

第 15 章 优秀品质
——培养自己成为魅力十足的小伙子

一个有魅力的人定会拥有一系列优秀的品质，包括果敢、有担当、上进……这些都会让人们散发不一样的光彩。所以男孩们要懂得不断完善自己，把自己培养成一个魅力十足的男子汉。其实很多细小的地方就是很好的着手点，比如敢于大声说话，表现自己自信的一面；敢于坐在第一排，表现自己积极进取的一面；敢于与恶势力作斗争，表现自己临危不惧的一面……只要男孩多一点努力，那么你就会为大家呈现出一个更优秀的形象。

果敢是男子汉的优秀品质

唐中宗李显的皇后韦氏，是一个专权放荡而又心狠手辣的女人。她自从登上后位，便想把过去受的苦都弥补过来，处处仿效武则天，一心要专权。

相王李旦之子临淄王李隆基，目睹韦后的暴虐行径，痛心疾首。面对韦后的强权淫威，他毫不畏惧，暗地里招募勇士、豪侠及羽林军中志同道合的人，策划着挽救唐王朝的命运，把皇权从韦后手中抢回来。兵部侍郎崔日用知道宗楚客等人的阴谋，就秘密派人通报李隆基，让他早作打算。

李隆基与姑母太平公主等人秘密筹划，决定兴兵靖逆，先发制人。李隆基愤怒地说："韦后干预朝政，淫秽宫廷，毒死中宗，临朝称制，现在又预谋屠杀幼帝，清洗异己，实在是天下共愤，罪不容诛。"但是很多人都认为韦后大权在握，京城各门都有重兵把守，羽林军也在韦氏的掌握之中，万一机事不密，

计划不周，就会招来杀身之祸。李隆基坚定地说：“大唐国运，危在旦夕，我作为皇室宗孙，怎么能坐视不问呢？古今成大事者，都要有一点冒险精神，铤而走险或许能够成功；畏惧退缩，只能坐以待毙！”他的果决感动了许多追随者。

还有人说：“这么大的事，应该先告诉相王，听听他的意见。”李隆基反对说：“我们发动大事，目的在于报效国家，事成则福归相王，不成则以身殉国，也不会连累相王。现在告诉他，如果他同意，则有参与险事的嫌疑；不同意又会坏了我们的大事。”一切准备妥当后，在中宗死后的第十八个晚上，李隆基与刘幽求等人穿着便装，来到禁苑中找钟绍京商议。但是钟绍京临时反悔，拒绝接待李隆基等人。眼看离约定的时间还差两个时辰，李隆基心知要是走漏了风声，大事就完了，他们那么多人的性命也就要结束了。于是，他派刘幽求带重金从后门进去，煽动钟妻许氏。许氏果然一口应承，对钟绍京劝说道：“舍身救国，天必相助，况且你事先已经参与同谋，如今就是想不干也不成了，日后若是走漏风声，你一样会被韦氏所杀。”

钟绍京被说动了，同意帮助李隆基。

入夜，李隆基率兵潜入禁苑，羽林军早已屯居玄武门。李隆基直捣羽林军总管韦播的寝处，杀了韦播，然后提着人头集合羽林军，慷慨宣称说：“韦后毒死先帝，乱政篡权，危害大唐国运。现在奉相王之命，为先帝报仇，捕杀诸韦和一班逆臣，拥立相王以安天下！如有心怀两嫌，助逆为虐者，罪杀三族。事成之后论功行赏。报效国家、建功立业的时机到了，大家快随我来！”

这番话得到羽林军将士的响应和支持，李隆基率领众豪杰与羽林军总兵钟绍京带领的三百兵将，合兵一处，直驱韦后寝宫。韦后见乱，立即向飞骑营逃去。李隆基追上去，亲手诛杀了韦后。

男孩们，优柔寡断的性格是通往成功路上的一大绊脚石，很多时候犹犹豫豫会导致一个人的失败，所以我们应该养成果敢干练的性格，做一个有思想的男子汉。

1. 不要怕失败

许多人在关键时刻犹疑不定，这是因为他们对自己的决定没有充分的信心，更确切地说是惧怕失败。事实上，成败只是行动以后的事情，我们面对眼前的

局面只有大胆行动这一选择。作为一名男子汉，如果你前怕狼后怕虎，那么成功对你来说就是一件奢侈的事情，所以说，大胆一点，行动起来。

2. 不要总是被别人左右

进行决策时听取他人的意见是非常必要的，但是最后的决策必须由我们自己完成，这就是“断在于独”的道理。男孩们，我们可以咨询他人，以免走弯路，但是不可以不动脑筋的只听从别人的意见而失去自己的想法。

心理悄悄话

对于一个果敢的人来说，即便是有一百个答案，一千种选择，他也会快速选择出自己认为是对的那个，并且不会怀疑。所以，男孩们，真正干扰我们做决定的不是外界，而是我们的内心。

大声说话，建立自信

晨晨在五岁之前的那段时间里是一个口齿伶俐的男孩子，性格也是比较外向的。同时那个年纪也是一个爱模仿的年纪，他对周围的环境充满着很大的好奇心。曾经他的邻居里有一个叔叔是个结巴，于是他和伙伴们总是围着他学他说话。这群小孩子的行为并没有让这个叔叔生气，他只是耐心地告诉他们当初自己也是因为学别人说话变成今天的样子，虽然极力劝阻，但是孩子们还是照旧学他说话。

晨晨认为叔叔在骗他，把叔叔劝导的话又再次重复了一次，这时候大家都笑的不得了。

没有想到，真让这位叔叔说着了，晨晨说话也开始结巴。当同学们都惊奇

地望着他时，他越发紧张，说话也就更加结结巴巴……

在他 7 岁的时候，晨晨真成了结巴。以前晨晨取笑别人，现在他成了同学们取笑的对象。晨晨陷入了深深的自卑中，一下子变成了一个沉默寡言的人。

在课堂上，晨晨最怕老师提问他。因为晨晨一开口，教室里就会有哄笑。他难堪极了！

没有办法，以后老师再提问晨晨时，他就会先站起来，然后深深地低下头去，用蚊子一样的声音说："我，我说话结巴！"

小学期间，真的没有老师再在课堂上提问过晨晨。晨晨感觉到了一种轻松与解脱，但他的学习成绩也非常一般。

转眼间，晨晨升入了中学。

第一天，晨晨就再次遭遇尴尬。由于中学老师们都不了解他的情况，各科老师都按照学生花名册点名提问。

英语老师让晨晨回答问题。

晨晨说："我，我说话结巴！"

英语老师比较年轻，看着晨晨满脸的尴尬，他比较理解，于是就让他坐下了。

政治老师让晨晨回答问题。

晨晨说："我，我说话结巴！"政治老师年纪比较大一点，他看着晨晨，内心也是有一些同情的，于是就拍了拍他的肩膀，让他坐下。

语文老师上课的时候提问晨晨。

晨晨还是那样，低声地说："我，我说话结巴！"

语文老师也是班里的班主任，他也多少有些了解晨晨的情况，这时他大声地说："请你大声地回答我的问题，把自己的答案大声地说出来。"

"我，我说话结巴！"晨晨依旧是说这句话，只是稍微的把声音放大了一点。

"我还是听不到，同学，请你大声一点，自信地说出答案，让大家听清楚你的话！"

课堂里一片寂静，似乎能听到心跳的声音。

晨晨从来没有遇到这样的情况，这个老师对他来说真的是非常的冷酷无情。

他有点恼怒地抬起头来，赌气似的结结巴巴地大声回答了语文老师提出的问题。

班主任老师非常淡定地听着，等他回答完后，他就示意晨晨坐下，自始至终好像没有发现他说话结巴似的。

以后，语文老师在课堂上经常提问晨晨。开始的时候，晨晨很紧张，说话时断时续。后来被提问的次数多了，晨晨紧张的心情得到了缓解，再回答问题时，话也说得利索多了。因为语文老师总爱提问晨晨，所以晨晨必须在语文学习上格外下工夫。他的语文成绩进步得非常快。后来，其他科目的老师也开始陆续提问晨晨。晨晨用结巴织成的自我防护的盔甲被老师们轮番的提问彻底击穿了。

在晨晨 15 岁的时候，他已经不再有说话的障碍了，他学业优秀，又变成了一个活泼开朗的人。

男孩们，有话就要勇敢的大声说出来，不要因为自己的小缺陷而把自己封闭起来，这样你就会变得自卑而怯懦。作为一个小男子汉，我们不要说话唯唯诺诺，要有男人的魄力，有什么话就大声说出来，这样才会越来越有自信，越来越有魅力。

1. 男孩要勇敢

男孩们，男子汉的一大标志就是勇敢。如果处处限制自己，不给自己勇于面对的勇气那就无法突破自己的极限。就像故事中的晨晨，总是以“结巴”为借口，从不在课堂上勇于回答问题，如果不是老师帮助他去克服，那么很难想象他之后会是什么样子。

2. 男孩说话要有力度

男孩们，说话的时候要响亮而有力度，不要像个小姑娘似的羞羞答答，要表现出男人应有的魄力。上课的时候，要勇于回答老师的问题，即便说错了也没问题，因为你敢于表达出自己的想法，这就是非常重要的一步。

心理悄悄话

男孩们，其实，敢于大声说话，大声表达自己的观点，这也是自信的一个

表现，因为自己有底气去面对自己。所以说，勇敢一点，为自己加油打气，这样你才会越来越优秀。

敢于挑前排的位置坐

永远坐在“前排”是一种积极的人生态度，对于一个人的发展有着很大的作用。正如撒切尔夫人一般，从小她的父亲经常给她灌输一种思想：“无论做什么事情都要力争一流，永远走在别人的前面，不要落后于人。”她父亲曾对她说过：“即使坐公交车，你也要永远坐在前排。”当然，她的成功有着多方面的因素，但是她从小养成的这种积极的心态，这种敢于争取、绝不言败的信念，在她的成功道路上有着不可小觑的作用。

男孩们，鼓励大家敢于坐到前排不是为了显摆什么，而是想让男孩们从小培养起一种胆识和魄力。从大的方面来说，要想坐到人生的“前排”，必须敢想敢做，永不放弃。缺乏竞争精神，轻言放弃的人永远都不是在“前排”就座的人。如今男孩们的生活越来越舒适，于是容易养成一些娇惯的行为，遇到问题就容易退缩，所以缺乏一种勇往直前的魄力和胆量。但是，这种精神正是成功者和失败者的分水岭。

理查·派克是运动史上赢得奖金最多的赛车选手。他第一次赛车回来时，兴奋地对母亲说：“有 35 辆车参赛，我跑了第二。”

“你输了！”母亲毫不客气地回答。

“可是，”理查·派克瞪大了眼睛，“这是我第一次参加比赛，而且赛车还这么多。”

“儿子，”母亲深情地说，“记住，你用不着跑在任何人后面！”

接下来的 20 年中，理查·派克称霸赛车界。他创造的许多纪录至今无人

打破。问他成功的原因，他说，他从未忘记母亲的教诲，是母亲在他为第二名沾沾自喜之时，帮他发现了他还可能是第一的希望。

男孩们，我们要敢做，这样你才会发现你其实可以更优秀，只是你并不知道，也未曾行动起来而已。

刚上小学的时候，李军是班里个子最矮的学生，但却被老师安排到了倒数第二排的位置上。因为座位距离黑板较远，李军的注意力始终不能集中起来。为此，他没少挨老师的批评，有时还被罚留校打扫卫生。

有一次，李军又被留校打扫卫生。回到家后，爸爸对他说："明天你就向老师汇报一下自身的情况。说你坐在后排看不清黑板，请老师把你调到第一排的座位上。"

"我看得见黑板啊！"李军狡辩道，似乎抵触与老师近距离接触。

"你座位太靠后，老师根本注意不到你，关键是你的上进心受到影响，无法集中精力上课，心态不积极是一件非常可怕的事情。"

对于爸爸的提示，李军似乎懵懵懂懂地了解了一点，但是他并没有完全理解。但他还是按照爸爸的建议去做了，第二天他就向老师汇报了这个情况。老师果然把他从后面调到了第一排的位置。从此，李军听课的状态有了明显的改善。不仅如此，他因为学习突出，还被老师指定为班上的学习委员。在整个小学阶段，一直任学习委员一职。

那么，男孩怎样培养自己的"永远坐前排"的精神呢？

1. 男孩要敢想

敢想才能敢做，想都不敢想，那你怎么有勇气去做呢？虽说这个世界上不可能所有的人都争得第一，都坐在"前排"，但是孩子要敢于去想，这样才能激励自己。如果你连这点想法都没有，害怕而又不敢去尝试的话，那你就永远不可能坐到前排。

2. 心态很重要

选择了积极的心态，就等于选择了成功的希望；选择消极的心态，就注定要走入失败的沼泽。如果你想成功，想把美梦变成现实，就必须摒弃扼杀你潜能、摧毁你希望的消极心态。

心理悄悄话

做事态度决定最终高度。人的潜能是无限的，越是不停地挖掘，可用能量就越多；反之，如果不思进取，纵容懈怠，则可用能量就会越来越少。

管理好自己的好胜心

好胜心，是一般人都具有的，特别是青年人普遍存在的一种心理状态。平时，人们评论某个青年时，往往会说这人“好胜心强”。持表扬和肯定态度的人，总是把好胜心与上进心联系在一起，反之，人们就喜欢把好胜心与虚荣心联系在一起。其实，不管怎样，这个度是靠我们自己来把握的，有一定的好胜心可以扩大自己的进步空间，让自己变得更为优秀。但是我们不能超过一定的限度，所谓“物极必反”，好胜心过强也会给男孩的生活带来不便，因此男孩要合理控制自己的好胜心，这样才能快乐地成长。

冉亮亮是一名初二年级的学生，他的表现一直很不错，但是有一点就是他的好胜心特别强，不允许别人超过他，尤其是其他男生，因为亮亮一心要成为男生中最强的。比如，当有男生成绩超过冉亮亮的时候，亮亮会发疯似的看书、学习。还有，亮亮是他们班唯一会乐器的男生，弹得一手好电子琴，可是最近，他们班的陈明最近开始学吉他，还有李志云要学钢琴。这时候，冉亮亮便感到出奇地不服气，开始拼命地练琴，好像是怕他们超过了他似的。其实他自己也分析过，亮亮觉得也许是因为自己一直很优秀，是老师和家长眼中的好孩子，是同学们当中最受欢迎的一个，不光是文化课，体育、音乐……亮亮一直都以自己的好胜心取得了骄人的成绩，很多时候，亮亮甚至比其他的男生都要强很多。也许是亮亮心中的优越感不可受到侵犯，所以才会始终怕其他人超过他。当有其他同学在某方面超过亮亮时，亮亮的心中便会暗生嫉妒，并一心要超过他、压过他，维护他心中不可侵犯的优越感，有时连自己的好友也是如此。

男孩们，你们这个年纪好胜是很正常的事情，但是千万不要像案例中冉亮亮那样走向极端。事实上，健康的好胜心可以促进孩子全面健康的发展，使孩子变得更优秀。当然，这需要自己合理的引导自己的内心，避免出现虚荣、嫉妒等心理。

王城和李晨是四年级五班的学生，李晨的成绩在班里非常好，因此一直被王城看成竞争对手，想着自己能成功的超过李晨。

然而，李晨对此并没有在意。可是，有一次，体育老师组织800米跑比赛，在比赛中李晨成绩比较落后，输给了王城，结果遭到了王城和其他同学的嘲笑。这一下，李晨愤怒了，他冲动地冲了上去，扑打王城，然而，王城个子比他高，力气也比较大，结果李晨被推倒在地。

事后，李晨非常难过的回到家，妈妈发现了他脸上的伤痕。李晨没有隐瞒，把事情的前因后果说了一遍。

当妈妈了解了整件事后，便说："孩子，你输给王城是很自然的，你知道为什么吗？"李晨想了想，说："他比我高大强壮。"

"是的，你说得很正确"，妈妈安慰李晨说，"所以我认为你应该加强体育锻炼……现在弥补还来得及，你愿意吗？你还想赢他吗？"

李晨摸了一下脸上的伤痕，朗声道："想！"精神马上就足了。

于是，李晨就开始锻炼。为了超越自己，证明自己在跑步上胜过王城，李晨每天都坚持锻炼身体。在第二个学期的800米跑比赛中，李晨拿到了第一。

这就是好胜心带给男孩的动力。男孩们，在我们的生活和学习中，适当地激发自己的好胜心，可以增强我们前进的动力，把自己的潜力发挥出来。这就是好胜心最大的好处，能给我们带来学习的上进心。

那么，我们如何把控自己，让好胜心发挥出最大的好处呢？

1. 不要总是跟别人比较

男孩们，我们最重要的是懂得一步步的超越自己，而不是总与人攀比，这

样极易走入错误的方向。我们不要把"一定要超过他"作为目标，这样你的关注度就会过分的集中到他人身上。我们要汲取别人身上的优点来弥补自己的不足，这样才会更为优秀。适当的时候要懂得放松自己的心情，不要给自己过大的压力。

2. 要记住，"胜败乃兵家常事"

男孩要敢于面对失败。失败是给你机会让自己总结经验与教训，发现自己的进步和长处。要明白"胜败乃兵家常事"，男孩要懂得比赛或"竞争"只不过是检验自己、发展自己的机会，不要因为一点失败就无法原谅自己。

心理悄悄话

青少年好胜心强，应该说是件好事。重要的是要防止单纯为了好胜而目中无人，也不能为了好胜而故意做作。正确对待自己，确立能够实现的目标。好胜心强的男孩，要保持一种积极向上的良好心态，学会欣赏别人的长处，不可产生嫉妒心理，要有一颗宽容的心接受别人超越自己，形成学先进、超先进、赶先进、你追我赶的好风气。

多点努力，少点抱怨

孔雀向王后朱诺抱怨。它说："王后陛下，我不是无理取闹来申诉说情，您赐给我的歌喉，没有任何人喜欢听，可您看那黄莺小精灵唱出的歌声婉转而甜蜜，它独占春光，风头出尽。"

朱诺听它如此言语，严厉地批评道："你赶紧住嘴，妒嫉的鸟儿，你看你脖子四周，是一条如七彩丝绸染织的美丽彩虹；当你舒展着华丽羽毛出现在人

们面前时，大家就好像见到了色彩斑斓的珠宝。

“以你如此的美丽，你难道好意思去嫉妒黄莺的歌声？和你相比，这世界上没有任何一种鸟能像你这样受到别人的喜爱。一种动物不可能具备世界上所有动物的优点。

“我分别赐给大家不同的天赋，有的天生长得高大威猛；有的如鹰一样勇敢、隼一样敏捷；乌鸦则可以预告征兆。大家彼此相融，各司其职。所以我奉劝你不要再抱怨，不然的话，作为惩罚，你将失去你美丽的羽毛。”

这则寓言讲的是不要轻易抱怨的道理。寓言里讲的这只孔雀拥有着最美丽的羽毛，让多少人歆羡与赞美啊！可是它却总是抱怨自己没有黄莺的歌喉，最终被王后劈头盖脸的骂了一通。男孩们，如果是客观条件确实阻碍了个人才能的发挥，那么就应该行动起来去改变环境。一味地唠叨什么用处都没有，不仅不会得到他人的同情，反而会让别人更加的厌恶。

刘玉涵是一家公司的新员工，刚进公司的时候正是公司最忙的时候，作为公司一员的刘玉涵因此要每天加班。最开始的几天，面对这种忙碌而充实的新生活，刘玉涵还觉得很好。但是，一个星期之后，工作情况还是这样，还是要每天加班，甚至周末也要加班，这让刘玉涵很崩溃。

每天回去，看见她的好姐妹很轻松地在看电视剧，而自己却还要继续加班，刘玉涵因此更郁闷。于是，开始向她的好姐妹抱怨这份工作，说自己当时就不应该轻易答应对方去工作。现在搞成这样，真想辞职算了。她的好姐妹总是劝她不要轻易放弃，现在工作不好找。时间一天天过去了，刘玉涵对工作的怨言也一天天多了起来。在一周结束之后，领导检查工作的时候，发现刘玉涵的工作效率很低，很多任务都没有完成。狠狠地将她批评了一顿。于是，她又将自己的委屈说给了她的好姐妹。

姐妹对她说：“玉涵，你不应该有这样的想法，本来工作就是你自己决定的，不能怨别人。即使你怨言再多，工作还是要继续。再说了，有你抱怨的时间，早就将工作做完了。”

听完她好姐妹的劝说，刘玉涵觉得有点道理，于是在对待工作上，坚持着“少一点抱怨，多一点实干”的态度。也就是在这种态度的保证之下，在月

底的工作总结中，刘玉涵的工作效率得到了大大提高，并因此受到了同事和上司的一致表扬。通过这件事，刘玉涵也明白了自己之前的错误思想。

男孩们，刘玉涵的故事对我们的学习也是有着很大启发的。与其抱怨，不如用这些时间来努力的证明自己的实力。抱怨是一种消极情绪，长时间处于这种情绪下，一个人的积极性就会严重降低。所以说“少一点抱怨，多一点努力”，这样才能及时摆脱消极情绪的危害。

1. 心态要放平

自我的情绪反应，做到尽量克制。只有保持低调和谦虚，开朗的心情才能让自己的生活、工作、学习等，在一种自然与轻松的氛围下进行。

2. 让自己更加优秀

男孩们，抱怨一点用处都没有，不会改变什么，只会让你更加心浮气躁。我们要学会独立和自强，让自己变得强大起来，有能力去爱别人，没有抱怨，这样你才能真正赢得别人的尊重。

心理悄悄话

男孩们，心情烦闷的时候，我们不妨试着去做点别的，让自己的注意力转移。也可以多增加一点兴趣爱好，让自己充实起来，这样你就不会有时间去抱怨了。

面对危险要镇定自若

慌乱的时候人们容易失去理智，对于事情也不知道怎么去处理，所以这种情况下极易因为自己的失误而做出一些错事。在危险面前更是如此。如果遇到危险不能冷静下来，那么受害最大的就是你自己。很多有智慧有成就的人，都曾反复告诫人们：成大器须冷静，遇到“突发事件”时镇定自若，千万别被慌乱包围、被慌乱左右。

在学校里，张霄和陈超是一对“死党”。他俩的个头不高，也不太爱讲话，也许正是这些共同点，张霄和陈超整日形影不离。最近这哥俩儿连着三天都没到校上课，后来老师从他们家长那里知道了真相，原来，他们遇到了麻烦事。

上周六放学后，张霄和陈超在操场上踢球，一个推销员模样的人在不远处站着看。张霄在给陈超传球时，不小心把球踢到了“推销员”身上，那人过来质问张霄，说：“你把我的小汽车弄坏了，得找个地方给我修好！”说完后，就硬拽着张霄来到了校外，陈超也跟着出来。当走到一个僻静的地方后，那人突然把张霄架住，在他身上搜钱。张霄不知如何脱身，只好乖乖地让他得逞，不仅自己要交辅导费的几十块钱被洗劫一空，就连陈超用来买晚餐的几块钱也没有幸免。正所谓祸不单行，星期一下午，刚出校门的张霄和陈超又被高年级的同学拦住了，这伙人当中就有全校闻名的“大哥”——成哥。成哥臭名昭著，到处向低年级学生索要钱财，还美其名曰：“收贡”。成哥显然要向他俩“借”点钱花。他们说没带，成哥和他的同伙便对他俩又推又搡。最后，他们抢走了两人身上仅有的十几块钱。“成哥”还警告他们，今后必须每星期向他“上贡”20元，不然，就别想在这个学校“混”了！两人又恼又怕，便都向父母谎称有病，再也不敢去学校了。

男孩们，遇到危险的时候我们不能与他们产生争执，以免自己受伤，但是我们也不能像案例中的张霄和陈超一样让不法分子为所欲为，不懂得用自己的智慧战胜他们。当危险来临时我们要临危不惧，保持冷静，不要慌，要想办法去摆脱他们并且将他们绳之以法。我们可以到最近的派出所报案，然后给警察提供线索，协助他们抓获坏蛋。至于对那帮欺负你的“大哥”之类的学生，你一定要勇敢揭发，别以为他们会打击报复你，他们都是些外强中干的“乌合之众”，只要你义正词严、从容不迫，最后是可以击垮他们的。

男孩要多加留意什么样的人群极易受到非法分子的关注：

①喜欢在半夜出没，跟同学玩乐到半夜，或者打工到很晚的人；

②喜欢午夜之后睡觉，中间又常常出门买烟、买零食的人；

③在寂静的夜里独自走动的孩子和女士；

④好奇心比较强烈，非常喜欢管闲事或者凑热闹的人；

⑤没有安全意识，轻易跟陌生人说话，给陌生人开门的人。

心理悄悄话

当今社会，突发和意外事件越来越多，很多突发或意外情况都令人防不胜防。一旦这些突发或意外情况发生，男孩要懂得运用平时的生活经验和学校教给你们的安全知识，最大限度地保护好自己，将伤害程度降到最低。

第16章　识人交友
——结交可以与你互有助益的真朋友

朋友是人际关系中甚为重要的交际对象。真正的朋友，是一种相互认可，相互仰慕，相互欣赏、相互感知的关系。交友要慎重，如果交一些“狐朋狗友”，那么他们终将会害了你；做人要真诚，对待真挚的朋友我们也要做到互相督促，共同进步。男孩们，在生活中我们一定要做一个有风度的少年，团结友爱，与人为善，用真诚去珍惜每一份情意。

遵守约定，对好友更应如此

“朋友一生一起走，那些日子不再有。一句话一辈子，一生情一杯酒。朋友不曾孤单过，一声朋友你会懂，还有伤还有痛，还要走还有我……”周华健的这一首《朋友》唱出了很多人心中的那份感动与幸福。是的，每个人都拥有自己的一份真挚的友情，在生活中的每一个生活片段会与我们分享其中的酸甜苦辣，可是友情也是需要维护的，你不要觉得彼此的关系好而过于任性的对待。有时候我们对不熟悉的人表现出自己礼貌的一面，而当我们对待自己亲近的人会有些过于“放肆”，时间久了会给对方造成一定的伤害，或许会伤了彼此的友谊。

东汉时期的学者陈太丘是个很有时间观念的人。一次，他和一个朋友约好中午见面。可是，过了中午朋友却没有出现。陈太丘当天刚好有急事，他在门口转悠了好半天，出门的马车都已经备好了，可是朋友却连个人影儿都没露。他实在等不下去了，就对正在门口玩耍的小儿子元方说：“等会儿有人问我，

你就告诉他，我有急事出去了。”元方答应道：“知道了，您去吧。”

陈太丘走后没过久，一辆马车就飞快地来到他们家门前。车主下了马车，问元方：“你的父亲呢？”元方答道：“他有急事出去了。”朋友听了非常生气，大声骂道：“这个人真是的，明明和我约好的，怎么自己走了，太不像话了！”虽然很气愤，但是主人已经出了门，他只好打道回府。上车的时候他还骂骂咧咧地，“我大老远地赶来，他却办自己的事去了，真不像话！”

元方起初还没有太生气，当听到这个朋友骂他的父亲“真不像话”时，他放下手里的玩具，站起来指着这个人说：“你明明和我父亲约好中午见面的，过了中午还不来，这是不遵守时间。你有错在先，不给我父亲赔不是，还当着我的面骂他，简直是不懂礼数，真不知道我父亲怎么交了你这么一个朋友！”

那人感到惭愧，便从车里下来，想跟元方握手，元方却头也不回地走进了自家的大门。

男孩们，我们是否也有过故事中朋友的这种行为？希望有这种行为的男孩要及时纠正。遵守约定是一种礼貌也是一种修养，即便是对自己的朋友也不例外。希望男孩做一个守约的人，不要言而无信，因为这是对人的一种尊重。

1. 言而有信

男孩们，说过的事情一定要做到，否则你这就是不礼貌的行为，会招人反感。如果真的有紧急情况，你需要提前告诉朋友，免得人家一直在等你。如果总是言而无信，那么你就会失去朋友的信任，渐渐地关系也会疏远。

2. 学会记录自己的日程

事情多了容易乱，那么你平时可以把自己约定好的事情记录下来，免得自己总是忘记，这样随时看一下，就不会出现不守时的情况。

心理悄悄话

男孩们，没有人会愿意原谅你每次的过错，所以做人的尺度还需要自己把握。我们要努力维持好我们身边的每一份感情，学会珍惜，学会付出。否则，当你因为自己一些坏的习惯失去朋友时，一切都晚了。

放下面子，说声“对不起”

李民有个很要好的朋友，是内蒙古人。当初转学到李民的学校，慢慢的他们就成了好朋友。这位内蒙古朋友经常给李民讲内蒙古的风土人情，李民也经常给这位朋友讲自己家乡的趣闻轶事。平时，他们互相帮助，一起闯过很多难关，建立了非常深厚的友谊。

可是有一天，因为一点小事，李民和朋友闹矛盾了，两人互不理睬，谁也不肯主动认错，就这样僵持着。后来，这位朋友回内蒙古了，事先没有告诉李民。李民回想起与他的友谊，懊悔不已，非常难过。他想向这位朋友道歉，可是怎么也联系不上，就这样失去了一个好朋友。

男孩们，朋友之间产生矛盾是非常正常的事情，我们要学会道歉，也要学会宽容。其实，朋友之间闹矛盾谁对谁错并不重要，重要的是对待矛盾的态度。有时候我们其中的一个人如果懂得认错道歉，表明自己的想法，那么对方也会感到有些羞愧，不会斤斤计较的，毕竟都是朋友。如果这样矛盾也会随之化解，不会留下什么遗憾。

艾伦和凯文是高尔夫球伙伴，在一次业余高尔夫球接力比赛中，凯文和艾伦彼此合作，虽然凯文的开局很好，可是后来击球却很糟糕，凯文在一次击球时失误将球打空了，球只沿着跑道滚了几码远，这使得原本就心情不好的艾伦脸色变得铁青，向凯文走来大发雷霆，并大声地斥责他。

凯文并没有对朋友的无理生气回击，也没有嘲笑和敷衍他的朋友，他只是真诚地说：“艾伦，我的朋友，我真诚地向你道歉，因为我的失误使得我们的成绩差了很多！”艾伦听了朋友的道歉，气愤逐渐消失了：“哦，没关系。”艾伦嘟哝着说：“这不是您的错。”

在“真诚”的攻势下，凯文化解了艾伦的愤怒，也坚固了两人的友谊。

我们都是朋友，所以没有什么过不去的仇恨，也没有解不开的死结。有时

候我们可能因为各种各样的原因做错事让朋友生气，或许当时都好面子或者在气头上我们无法去面对，但是冷静下来之后还是需要去解决的。相信只要我们敢于去道歉，承认自己的错误，说一声“对不起”，我们就能得到朋友的谅解，我们也不会因为一点小事而失去彼此。

1. 保持好的情绪状态

如果你决定向朋友道歉，首先调节好自己的情绪，然后和你朋友联系，最好面对面的道歉。道歉时，保证你有好的情绪，用你最真诚的态度，不要听上去假心假意，推脱责任。

2. 做人要宽容

如果是你想主动道歉，将问题解决，适当的包容能力也是必需的。心宽一点，退步一点，不要斤斤计较，这样才会更好的维持一段友情。

心理悄悄话

诚恳的歉意不仅能弥补彼此之间的裂痕，还可以增进彼此之间的感情。所以，如果你犯了过失，就应该大方地表示歉意，诚恳地说一句“对不起”。

交好友不是为了一起打架

青春期的男孩比较冲动，容易出现打架斗殴的现象，可以说是特别讲究“哥们义气”。但是交友是为了打架吗？如果因为你自己的一点小事就牵扯出真心待你的朋友，让自己的好友步入歧途甚至走上违法犯罪的道路，试想一下，这真的是对的吗？

一天下午，王刚爸爸突然接到班主任老师的电话，说他儿子已在市中心医

院 8 楼，请他火速赶往医院。王刚爸爸听了有点发蒙，问班主任：“我儿子健健康康的，怎么会到市医院去啊？”班主任说：“您快赶来吧，什么事到医院里再说。”

王刚爸爸放下电话，感到事情不妙，急忙打车赶到医院，看到儿子躺在担架上，头肿得特别严重，而且已经处于昏迷状态，情况十分危急。只听医生说，家长赶快签字，不然孩子就有生命危险。王刚爸爸用颤抖的手，快速签上自己的名字。孩子马上被推进手术室，进行开颅手术。事情的起因是初二一班的程浩民与初二六班的张林，两个男生为一个女生相互吃醋，争执不休，相约通过决斗解决问题。两人各自喊班上几个男生下午都在寝室里打架，那些男生都摩拳擦掌要为自己的哥们出气。

王刚是六班的一名男生，下午四点半下体育课后，几个男生都相约在寝室里，一会儿，一班几个男生来到六班寝室，发生了口角，六班学生抽出一块床板打了一班一个男生，一班男生立即回自己寝室，抽出床板和两根螺纹钢筋，冲进六班寝室。

见势不妙，当时王刚就招呼自己班里的一些男生躲在寝室里，不要打架。他自己和几个同学站出来，阻挡一班男生进入寝室。没想到，这时候，一班学生李强拿着铁棒，在王刚不知情下，狠狠地砸在他左侧头上，立即起了拳头那么大的肿包。

过了一会儿，王刚头伤发作，全身抽筋，口吐白沫，昏死在寝室里。几个学生傻眼了，赶紧打120，将他送到医院，人民医院诊断为：重型闭合型颅脑损伤，需要立即做开颅手术。为了帮自己的哥们出气，王刚成了这场打群架的“牺牲品”，当他醒来时后悔不迭。

打人的李强被警察带到派出所接受批评教育，李强的父母还要替儿子赔偿王刚的医药费等。

男孩们，打群架害人害己，已经触犯了法律，后果真的不堪设想。真正的友谊是互相帮助，共同进步，而不是凑在一起打架出气。所以，如果真的是好朋友，那就一起去学习处理事情的方法，远离打架吧！

1. 保持理智

当你和同学发生矛盾的时候，要保持自己的理智，不要和同学动手，先分析一下你们两个人发生矛盾的根源是什么，看看是否是自己的错，是自己的错就要向同学道歉，如果不是你的错，你可以跟对方讲明道理，分析问题，寻求解决方法，如果动手，你有理也说不清了。

2. 学会劝说朋友

如果朋友来找你帮他出气，想召集哥们一起打群架，那么你就应该冷静地劝他。要了解事情的经过，帮朋友找出解决的方法，告诉他打架可能造成的严重后果，分析事态的严重性，尽量把危害降到最低。

心理悄悄话

男孩们，打群架是解决不了问题的，我们还会伤害了自己的朋友，甚至对朋友的家庭造成很大的影响。换个角度来讲，朋友之间应该是互相监督共同进步的，如果你遇到的是一些总是在打架的事情上召唤你的人，那么你应该考虑一下这个人是不是适合做朋友。

与女生说话是否害羞

邢小刚是初一年级三班的一名学生，平时在学习上非常努力，成绩不错，但是有一点就是在交友方面比较拘谨，尤其是对女生。小时候小刚父母的同事、朋友或亲戚到家里来，小刚不敢与他们打招呼，总是想办法躲起来。上初中以后稍微好一点，但在集体场合小刚还是不敢讲话。除非大部分人都很熟悉，一般的聚会、集体活动他都不参加。尤其不敢和女生讲话，不敢看女生的眼睛，一讲话就脸红。小刚上初中后，大部分时间都用在学习上，虽然成绩很好，但内心充满了痛苦，别人无法理解。

男孩们，我们可以看出邢小刚同学在交友方面有障碍，特别是对于异性。当他面对对方时，甚至会出现脸红、紧张等心理问题，其实这就是“异性交往恐惧症”的一些表现。其实生活中很多男孩也有这样的情况，这时候我们可以去找心理辅导老师帮忙，对自己实施心理疏导，帮助自己尽快走出心理困境，然后充满自信地活跃在同学当中。

“异性交往恐惧症”在一些受封建思想影响较深的偏僻农村还是比较普遍存在的，王进就是一个例子。

王进出生在一个偏僻的山村，从小村里人们的男女观念比较守旧。男生和女生一起玩，便要被人们笑话，因而王进很少同女生说话。后来，王进与同村一名叫李玉的女同学都考上了初中，两人经常上学、放学一起走，在一起的机会较多，因而被同学们笑为“天生一对”。由于同学们经常嘲笑他们，王进就再也不敢跟李玉一起了。王进内心虽然喜欢接近李玉，但害怕别人议论、笑话，又不敢接近她。王进就经常幻想和她交往的情景，然而，当他真的与她在一起时，又脸红心跳，十分害羞，脑子里想说的话又说不出来了，只得掉头走开。以后连李玉也有些看不起王进了，最后王进发展到了不敢和任何女同学讲话的地步。但是王进却沉湎于各种想象中不能自拔，幻想的对象也不仅仅是李玉。此后王进逐渐出现了失眠、注意力不集中、学习成绩下降等现象，精神上的痛苦几乎让他自杀。

王进的症状是典型的因缺少与异性的正常交往而导致的“异性交往恐惧症”。从小王进就生长在封建思想还比较严重的偏僻山村，没有和女孩子接触的机会。随后王进步入青春期，可是那种与女孩子交往的渴望却没想到被小伙伴的嘲笑给扼杀了。由于封建意识的作用，以及青春期性排斥心理的影响，许多青少年为了免遭非议，对异性往往采取一种不自然的退避和疏远态度。可是，随着男孩一天天的长大，身体的性器官发育的越发成熟，对于异性的好奇心也会越发的显著。由于对异性缺少正常的、必要的交往，这种强烈的心理需求得不到满足，就极易对异性形成某种神秘感、恐惧感和不适应感。尽管案例中王进的这种情况毕竟是少数，但是如果长期受到这种心理压抑的话，就会严重影

响以后的正常交往。

那么如何判断自己是否有这种症状呢?

①在与异性交往的时候会内心紧张不安，当有异性招呼自己一起玩耍的时候，会因为紧张而拒绝；

②只要和异性交往时，就会感觉手不知道放哪里、眼睛不知道往哪里看、拼命的注意自己的形象；

③与异性在一起的时候，容易多想，会因为某个小细节而感觉别人喜欢自己或者是厌恶自己；

④会莫名其妙地脸红，出汗，紧张的语无伦次。

心理悄悄话

异性之间的交往还有利于个性的发展和心理健康，如果人与人之间的交往仅仅局限在同性之间，那生活岂不是太单调乏味了? 况且，男生的洒脱是女生值得学习的地方，而女生的细心又是男生需要借鉴的地方。

欺负女同学不算有本事

在校园里有很多男孩子“称王称霸”，甚是威风，动不动就打架斗殴，欺负身边的同学。更有甚者，有的男孩子喜欢欺负女生，总是拿女孩子寻开心。男孩们想一下，欺负女同学算什么男子汉呢?

新学期分座位，李晓雨和章明明分到了同桌，章明明是出了名的小霸王，总是跟女孩子过不去。排好座位后，李晓雨刚坐到自己的新同桌章明明身边，章明明就一脸严肃地对李晓雨说：“你看啊，分桌线我已经划好了，一人一半，

我可没多占你的地方。以后咱们两个井水不犯河水，如果你要是越界那就给我小心一点。”话说井水不犯河水，可是章明明上课时胳膊总是有意无意就越过了“界限”。李晓雨非常的小心，总是怕自己惹到麻烦，很少超过“界限”，但是有一次不注意就把书本放过界了，这时章明明就像发现了李晓雨的犯罪证据一样，指着压了线的书本对李晓雨说：“你看看，这次又是你过界了。”更有甚者，章明明还拿着圆珠笔尖戳李晓雨的胳膊，弄的她的衣服上很多笔油。他们俩同桌时这样的事情每天都要上演。

其实这种现象真的是非常多，估计男孩们也非常熟悉这个场景。其实，同学之间就像兄弟姐妹一样，我们要学会谦让，待人友善，这样才会相处的更为和谐，否则总是吵架你哪有心情好好学习呢?

徐敏刚转到现在的学校不久，一天下午放学的时候，在校门口，被以王勇为首的几个嬉皮笑脸的男生叫住了。

“死丫头，叫你过来！听见没有？喊你嘞！”

徐敏吓坏了，赶紧向前加快移动脚步，但还是被这几个男生拦住了。

王勇说：“见到我们为何要走呀，应该打声招呼啊。”徐敏吓得大气不敢喘一下，问他们：“请问你们有什么事吗？”

“小丫头，据说你家里很富有，是不是啊？天气这么热，请我们兄弟几个人吃根雪糕不算过分吧。”

“不好意思，认错人了吧，我没有钱，我家里平常很少给我钱，我真没有。”

“哎呀，嘴巴还挺厉害的，敢顶撞我们哥几个啊！你初来乍到，以后还有需要兄弟们帮忙的时候。我们也不多要，一人一根，总还是有的吧。”王勇的哥们李庆阴阳怪气地说。

当徐敏最终没有拿出钱来时，王勇就狠狠拽了头发后放走了。

男孩们，我们要做一名文明守纪的少年，团结友爱，而不是做一个“恶霸”，人见人烦。一个真正的男子汉是不会欺负女生的。男孩要懂得礼貌待人，学会尊重他人。当你的女同学遇到麻烦的时候要多去帮助她们，保护她们，这样才能彰显出你“男子汉”的一面。

1. 多读书，提高你的涵养

古语有云：腹有诗书气自华。要多读书、读好书，读书能培养人们的优良品质，提升个人的魅力。书籍会教会我们很多做人的道理，让我们少走很多弯路，少犯很多错误。男孩们，成长的道路离不开书籍的陪伴，希望你们在学好科学文化知识的基础上多去阅读一些经典名著，从中汲取更多的养分。

2. 待人谦和，讲文明

与人交往，获取他人的尊重不能靠武力，武力解决不了问题，只能让事态更为严重。我们要培养谦和待人的态度，讲文明，讲礼貌，做一个人人喜欢的、有教养的小绅士。男孩们，现阶段你们的主要任务就是学习，我们要克制自己的行为，与人为善，团结友爱，这样才能在校园里更加健康快乐地成长。

心理悄悄话

不论是生活还是学习，要注重仪态。你不尊重别人，别人也不会尊重你，可以没有出口成章的能力也不要有出口成脏、滥用武力的表现。无论是校外还是校园，都要注意礼貌和礼仪。

第 17 章 爱心叮咛
——男孩儿要远离危害成长的“禁区”

青春期的男孩是叛逆的，他们容易受社会的影响，吸烟喝酒、结交网络朋友；青春期的男孩是敏感的，如果内心压抑或受到生活的打击，他们容易离家出走，步入歧途；青春期的男孩对社会上的新鲜事物充满着好奇心，所以容易进入成人娱乐场所迷失自己，或偷食禁果，酿成大错……是的，在成长的道路上男孩会面临很多类似的“禁区”，但是这些是我们万万不可触及的，一旦触及，后悔莫及。所以说，远离这些“禁区”，让自己在校园的环境里健康成长吧！

不要让人生留下污点

阿诚原本有个幸福的家庭，可是前段时间他的父母关系越来越差，最终离婚了。他跟随爸爸一起生活，后来爸爸重新组建了家庭。可 14 岁的孩子就是不肯接受他的继母，甚至仇视、对抗。拒绝接受继母为他所做的一切。继母为了打动他，曾用金钱和物质来使孩子接纳自己。孩子把继母当作免费的午餐，挥霍无度，疯狂花钱，然而在心理上还是不接受这个继母。

这位爸爸后来分析过，他再婚时，没有告诉过阿诚，阿诚一时不能接受，显得十分困惑无助。于是，阿诚学习开始不专心起来，逃课旷课是家常便饭，滥交朋友，花钱无度。闹心的是，阿诚常常离家出走几天，实在没钱才回来拿钱，然后再失踪。最近，这位爸爸听说他经常勒索小同学的钱财，还总是参与一些打架斗殴的场合，为此感觉很苦恼，如何挽回阿诚那颗冰冷的心，如何让阿诚

重返学习正轨？眼看着阿诚越来越堕落，他的爸爸真的是心急如焚。

每一个问题孩子的背后似乎都有着一段不为人知的故事，他们似乎用暴力、用堕落进行着无声的反抗。就如案例中的阿诚，父母的离婚给他带来了极大的打击，紧接着爸爸再婚让他更是难以接受，他感觉父母抛弃了他，于是用这种行为进行抗争。其实，父母也有自己的生活，母亲还是母亲，父亲还是父亲，不必感觉无助、无奈、焦虑、逃避直到旷课、发泄、放荡等。男孩们，不管怎样，我们都不能去触犯法律。阿诚勒索钱财和打架斗殴的行为已经是犯了法，我们应该明白，法律是人类社会的基本规则，触犯了它就等于触犯了社会的底线，将要受到法律的制裁。青少年处于良好的青春期，精力充沛，不断增强新的美好的体验。可是如果稍有不慎步入歧途，那就极易做出违法犯罪的事情，那么你的一生将会受到很大的影响。我们要知道人们对有“前科”的人是很谨慎的，充满了警惕和防范。

小庆与龙龙是同校同学，小庆读初三，龙龙读初一。一天二人发生口角，小庆随手打了龙龙一下，不当一回事就扬长而去。不想龙龙人小气盛，当晚就约了几个小哥们找到小庆家，要给小庆一点颜色看看，由于小庆不在家，就在外面砸门吵闹了一阵。小庆回家知道后，第二天连续三次找小辰帮忙，小辰自认为是小兄弟的“头”，欺侮小兄弟就是给他小辰难看，所以一口答应，当即叫了一个朋友，准备了一把长砍刀，到校门口等候，当龙龙放学刚走出校门时，上去对准龙龙就是一刀。龙龙经抢救虽脱离危险，但颅骨骨折，构成九级伤残。小辰家境贫困，母亲体弱，小辰犯罪后其母举债请律师，到处奔走，劳累、忧郁成疾，在小辰判刑后一病不起，撒手人寰。其父说：“这不争气的儿子一刀下去，活活追去了他母亲的命，弄得我家破人亡”。小庆是独生子，家庭不仅要承担律师费、经济赔偿等难以承受的负担，而且案发前正值初中毕业面临中考，在他进监狱的时候，职高的录取通知书也寄到了家中，他的犯罪断送了自己的学业、前途，也毁掉了家庭的幸福。龙龙也是独生子，受害致残，今后怎么办，父母整日以泪洗面。小辰的一刀不止毁了龙龙一人，而是一刀毁了三个家。

男孩们，我们是国家未来的建设者，是中国特色社会主义事业的接班人。

我们要努力学习科学文化知识，不要步入歧途毁了自己的一生。法律是不容侵犯的，一旦做出违法的事情，必将受到法律的制裁。我们要懂法、守法，提高自己的认识能力、辨别是非的能力、坚决抵制不良影响。

1. 树立正确的人生观和价值观

男孩们，我们要明白我们的目标是什么，我们的梦想是什么，我们现阶段的主要任务是什么。现在男孩正处于最好的年华，正是学知识、长本事的年纪，如果不树立正确的人生观和价值观，那么将会迷失自己，越来越偏离自己的人生轨迹。

2. 多参加正当的活动

作为社会未来的建设者，青少年除了努力学习之外，还要多参加有益的活动，在活动中，不断使自己受益。还要学习法律知识，多看一些法制节目，主动参加学校组织的法律知识普及教育，不断增强自身的法律素养和道德风尚。

心理悄悄话

男孩们，做事情一定要考虑到后果，不要冲动，更不要去触碰法律的底线，多考虑一下自己的亲人，当你做出违法的事情时，他们会多么的心痛。此外，当伤害到其他人时，那同样又是一个家庭的灾难。

男孩要远离成人娱乐场所

如今大街上到处是五光十色的霓虹灯，营业性的歌舞厅、酒吧、网吧、游戏场所比比皆是。在一些电玩游戏场所内，在游戏机前玩得不亦乐乎的身影当中，有不少是未成年人。甚至有的孩子因没钱玩游戏，会以各种借口向家长伸

手要钱。拿到钱就跑到游戏厅玩。但是这些都不是我们青少年应该去的地方，正规场所也不会接待青少年的，所以男孩们一定要懂得远离，不要被这闪烁的灯光所迷惑。

李良、张宇和王晓东是初二年级的学生，一直以来学习成绩都不好，在学校里也是整天游手好闲，有一天晚上他们被老师训话，因此心情非常不好，于是半夜翻墙出去喝酒。由于心情很不好，他们越喝越多，结账时发现钱不够，请求服务员和他们一起回去拿钱，服务员看他们三个年龄很小，没有什么戒心地就答应了。在半道上他们想跑，可是李良却被服务员抓住，张宇和王晓东情急之下就借着酒劲拿起路边的石头狠狠地砸在了服务员的头上，落荒而逃，随后警方经过调查，他们被带到了派出所。

男孩们，我们现在年纪还小，身心发育不完全，所以辨识能力和自控能力都非常的薄弱，极易被社会上形形色色的人影响，所以我们要远离那些成人娱乐场所，一旦步入歧途，终究会后悔莫及。所以，中小学生也要学会自我保护，自觉遵守不进入营业性歌舞厅的规定。

1. 用知识武装自己

男孩们，我们要听从老师的教诲，远离成人娱乐场所，做一个有修养、有品德的人，努力学习科学文化知识，用知识武装自己，不要被社会上的不良风气沾染，从而伤害自己的身心健康，请记住“勿以善小而不为，勿以恶小而为之”。

2. 多参加学校文体活动，充实自己

男孩们，平时多参加学校组织的各种项目的活动，在校园的精神生活充实了，就不会总是惦记着去酒吧或网吧等场所，我们可以参加一些体育比赛、歌咏演唱、书法绘画展览等。这不仅让自己的校园生活更加充实，还会缓解学习压力，让自己的学习生活更加欢乐。

心理悄悄话

青春期的男孩一般都活泼好动，对陌生的环境充满着强烈的好奇心，但是在娱乐的内容、方式、地点的选择上一定要慎重。国家以法律的形式规定未成

年人不得到营业性娱乐场所，其目的就是为了青少年朋友身心的健康成长，保护未成年人的利益。所以，希望男孩能明白其间的道理，保护好自己。

抛却离家出走的想法

王子龙今年上初二，平时心思比较细腻，很容易受到环境的波动。期末考试即将来临，可是不知道为什么王子龙的爸爸妈妈最近总是因为一些事情有争执，严重的时候甚至吵架、摔东西。王子龙看在眼里，心里感到非常的难过，可是他也不知道如何去劝说父母。王子龙妈妈也一改往日的温柔，对王子龙大呼小叫。王子龙每天放学一回家就把自己锁在屋里，吃完饭就马上回屋。但是听着屋外爸爸妈妈的争吵王子龙心里也是越来越难过，有时候梦中都是他们的争吵声，王子龙经常一个人默默地流泪。有一天，刚要进门，王子龙就听见妈妈愤怒的声音："你家务也不做，儿子也不管，除了那点儿工资，你对这个家有什么贡献……"王子龙实在受不了这样的争吵了，关上门，离家出走了。王子龙边走边哭，边哭边想："为什么爸爸妈妈会变成这样？如果没有我，或许爸妈就不会有那么多问题争吵吧？我的成绩也不好，总是让爸爸妈妈失望，在这个家中最没有贡献的就是我，我才是那个最没出息的人……"王子龙内心感到极度的崩溃，想摆脱这个吵闹的家庭，远离这个伤心之地。

如今，对于青少年来说离家出走的问题时常发生，他们常常是因为在家、在学校遇到了难题或受了委屈而选择了离家出走，以逃避给他们带来伤害的家庭、父母和学校等。从某个角度来说，离家出走成了青少年比较依赖的一种逃避现实的一种途径。那么，造成离家出走的原因有哪些呢？

1. 人际关系不好

有时候，周围人际关系的过度紧张会造成青少年的离家出走。在学校的时

候老师对自己有意见，受到很多委屈；同学关系不好，总是受欺负，没有人理解自己。每天生活在痛苦的煎熬之中，冲动起来，也可能离家出走。

2. 学习上长时间受挫

由于长时间成绩不理想，自己心理压力过大，此外还要承受学校和家庭两方面的压力，比如老师的失望，家长的唠叨等。长时间下来，青少年容易觉得回天无力，彻底失去信心，为了避免眼前的痛苦，就可能出走。

3. 寻求自由

青春期的孩子自我意识膨胀，希望寻求独立空间和自由，容易离家出走。由于长时间受到压制或者管教，青少年的那份叛逆心理很容易就被激发出来，于是就想着摆脱压制，寻求自由。

4. 家庭暴力或家庭不和谐

不可否认，许多家庭存在着暴力行为，动辄就对孩子大骂，甚至拿孩子出气、打伤孩子。最终孩子也是忍无可忍，离开可怕的家庭。

男孩们，由于青春期特定的心理环境，产生离家出走的想法是正常的，但是我们一定要杜绝这种行为的发生。离家出走绝不是解决自己所面临问题的好办法，不仅如此，离家出走还会带给自己一些不良的后果，比如被诱骗、因无法生活而去抢劫，等等。那么，怎么避免这种行为的发生呢?

1. 首先让自己冷静下来

其实，离家出走是一件非常冲动的事情，男孩要慎重，千万要保持冷静的头脑，否则后果不堪设想。静下来想一想，是什么原因导致自己想离家出走的，不要贸然行动，以免遇到危险，后悔莫及。

2. 考虑事情的后果

男孩想一下，你离家之后去哪呢？如果走了，遇到坏人怎么办？万一遇到危险我们无法脱身怎么办？想到这些不利的后果，离家出走的念头就容易打消了。

3. 学会思考处理问题的方法

男孩们，每个人都会遇到难题，都有压抑、苦恼的时候，如果一遇到问题就离家出走，那岂不是太幼稚了。因而，男孩要在遇到问题的时候想一想能够

通过哪些更好的办法来解决，比如和父母、老师好好交流，共同解决问题，而不是赌气离家出走。

心理悄悄话

一个有出息的男孩是不会逃避现实，离家出走的。男孩要学会用逐渐成熟的理智和智慧来解决问题，而不是用感情冲动式的离家出走来解决问题，这才是正确的做法。

结交网友险处多

如今互联网越来越发达，给人们带来了极大的便利，人们的生活可以说是越发的方便。但是与此同时也给人们带来了诸多隐患，比如说网络交友就有一定的危险性，特别是对涉世不深的青少年来说尤为突出。孩子经验少，见识少，很容易被不法分子所利用，所诱惑，所伤害……因此，对于网络交友而言，青少年应引起高度的警惕。

灵灵、小敏和小月是从小的好朋友，她们在同一所中学读书，在初一年级下学期的时候，社会青年王志通过手机 QQ 认识了初中生灵灵，不久，王志便提出约灵灵一块出去玩。灵灵想了想，便答应了，之后便与自己的同学小敏和小月三人一起与王志见面。王志开着摩托车载着他们三人一块在县城兜风，尔后又到附近朋友小李家去玩。

转眼到了晚上 8 点多，灵灵三人便提出回学校。王志便叫小李用摩托车送她们回校。小李将她们三人送到一条偏僻难行的小路，她们三人便下车步行，小李趁机驾车离开了。

灵灵三人沿着小路还没有走出多远，王志便伙同李军等多人一路尾随其后。20分钟后，王志一伙人便赶上了灵灵她们。董良和两个男子便上前抓住小敏和小月，王志和另一男子追赶灵灵，但没有追上。随后，王志与董良等人一起将小敏和小月围住，两个花季少女就此堕入恶魔的手中。

灵灵逃脱后，便连忙打电话报警，当警察赶到时，犯罪嫌疑人均已逃跑。后来警察虽然抓住了王志等人，并依法判了刑，但给小敏和小月的身心健康带来了很大的伤害。

在网络中迷失自己，相信陌生人的话是一件非常可怕的事情，男孩们，我们一定要加强警惕，学会保护好自己，否则后果不堪设想。网络聊天拉近了人与人之间的心理距离，让我们多了一个舒缓心情的途径。但是，现实的情况远比网络里复杂。为保证自身安全，千万不要去会见网友。

1. 虚拟世界，难辨对方心思

男孩们，我们不要轻易相信陌生人，对他们吐露自己的心思，否则祸从口出，如果对方对自己的情况了如指掌，那么危险可能就很快会降临。因此，我们一定要合理利用网络，不要在虚拟的世界里迷失了自己。

2. 网络中容易掉进不法分子的陷阱

男孩们，现在的你们还比较单纯，对社会并不是非常了解，所以极易受到欺骗。在网络中很多不法分子喜欢把矛头指向涉世未深的学生，利用网络交友这个渠道欺骗青少年，或拐或骗，这都是非常危险的事情，并且对青少年的身心健康造成很大的影响。

心理悄悄话

网络中良好的聊天环境，可以起到多向交流的作用。不同地域、不同年龄层次的学生之间，通过网络能够进行即时交互，也为合作交流提供了直接而具有实效的平台。但是事事都有两面性，不论何时我们都要记住一点“安全第一”。

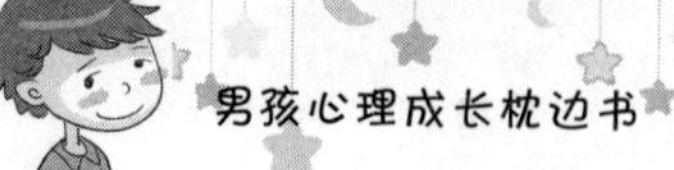

千万不可偷尝禁果

李敏今年上初三了，学习成绩还算不错，从小父母对她的教育比较传统，但是也从未压制住她的叛逆心理，就在初二的时候她竟然与同班的陈梁偷偷地相恋。

李敏和陈梁好上已有一年半了，俩人感情融洽，关系很默契。李敏和陈梁明显走在一起的时间并不多，似乎只有在一段回家必须共同走的路上，才能找到一个不会引人闲话的感情交流的契机。再有就是偶尔互相通通电话，做的也是极其隐蔽以防各自家长的耳目，只有到了假期，李敏和陈梁才能趁家里没人时互访一下。

班主任陈老师早就看出了李敏和陈梁的关系，但俩人成绩俱佳，年年被评为“三好生”，又都是班干部。所以班主任也抓不住什么把柄，只好作罢。

李敏和陈梁都自以为能处理好这份感情与学习的关系，因而一直相守“静在不言中”的默契。他们早就发誓要相伴到地老天荒。几乎每次在一阵激烈的亲吻之后，陈梁都要提出性的要求，但李敏都予以拒绝而死守着最后一道防线。然而在暑假的一天，李敏受了好友一肚子气，就负气哭着去找陈梁，陈梁那热切温柔的关切话语，深深地打动了少女的心。就在这天晚上，李敏苦守多日的最后那道防线终于“失守”了。

事后，李敏害怕极了，并大病了 3 天。陈梁也有点魂不守舍。一段时间之后，李敏在妈妈的陪同下走进了“人流”手术室。

青春期，男孩和女孩有时候把事情想得过于简单，他们在身心均未发育成熟的情况下，非常草率地有了婚前性行为，有的甚至怀孕，这必然要种下苦果。

强强是一名初二年级十班的学生，当别人在忙碌地准备最近期末考试的时候，他却只能暗自痛苦。不是因为考试，而是因为有难以启齿的痛。

前些日子，他和同年级的女生小云谈起了恋爱，冲动之下，两人偷尝了

禁果，自那之后，他的人生好像就彻底改变了，后来，他便养成了手淫的习惯。

刚开始的时候，强强只是因为不开心才会，到后来，发展到每天都控制不住自己。本来强强的成绩在班级前十名，可从那之后，却一天一天地下降。

因为强强每天打不起精神，记忆力开始下降，思维似乎也变得迟钝了，做什么事情都没有信心。他变得特别自卑，在别人面前总觉得低人一等，强强觉得这样的心理严重地影响了自己的学习，使他的心根本就静不下来，现在，成绩排在全班最后几名了。

男孩们，在学校里这种事情并不是没有发生过，相信偷尝禁果的危害大家都有所了解。过早的性行为不仅对一个人的前程有着不可磨灭的影响，更对一个人的身心健康造成极大的危害。是否能掌握好对待异性的尺度，是最能考验一个人意志品质的，大多数过早偷尝禁果的男孩，都是因为控制不住自己的好奇心和冒险心理。因此，想要身心得到健康地成长，男孩一定不能偷尝“禁果”。

1. 同学之间保持纯洁的友谊

男孩们，我们处于青春期，对异性的渴望和好奇是正常的事情，但是我们一定要把握好这个度，同学之间相处不要超出界限产生男女之情。最理想的状态是把全部的时间、精力和注意力都投入到获取知识、锻炼身体、增长才干上来，努力使自己不断进步、日益优秀。

2. 偷尝禁果的危险是你远远想不到的

偷尝禁果，有害无益，可以说是后患无穷，会给你们带来很大的心理阴影。此外还会引发一系列的疾病，比如艾滋病，乙肝等。换个角度来说，如果你真的欣赏和喜欢一个女生，就更不能把她推向深渊。因为这个年龄的你们性观念还不成熟，很容易使女生患上妇科炎症甚至流产，这对她是重大的危害。

心理悄悄话

男孩们，最初钟情的女孩并不一定就是择偶的终身伴侣，青春期的少年因一时的冲动发生的性行为是一种不负责任、不道德的草率行为，给双方心理都会造成终身难以愈合的伤痕。

参考文献

[1] 杨涓子 . 哈佛男孩心理成长枕边书 [M]. 北京：中央编译出版社，2015.

[2] 沧浪 . 中国男孩心理成长枕边书 [M]. 北京：中国妇女出版社 ,2011.

[3] 文轩 . 心理成长书系 : 了不起男孩的心理成长枕边书 [M]. 北京：朝华出版社，2012.

[4] 吴绮玲 . 青春期男孩心理成长枕边书 [M]. 北京：中国纺织出版社 ,2013.